북한이탈주민을 위한
법률 핸드북

나남
nanam

나남신서 1610
북한이탈주민을 위한
법률 핸드북

2012년 1월 10일 발행
2012년 1월 10일 1쇄

지은이_ 권준석 외
발행자_ 趙相浩
발행처_ (주) 나남
주소_ 413-756 경기도 파주시 교하읍
　　　출판도시 518-4
전화_ (031) 955-4600 (代)
FAX_ (031) 955-4555
등록_ 제 1-71호(1979.5.12)
홈페이지_ http://www.nanam.net
전자우편_ post@nanam.net

ISBN 978-89-300-8610-3
ISBN 978-89-300-8001-9 (세트)
책값은 뒤표지에 있습니다.

이 책은 삼성 법률봉사단의 후원으로 만들어졌습니다.

나남신서 1610

북한이탈주민을 위한
법률 핸드북

권준석 외 지음

나남
nanam

머리말

  2000년 이후 기하급수적으로 늘어난 북한이탈주민 수가 2010년 5월 기준으로 21,404명이나 되었고, 매년 입국자 수가 증가 추세에 있습니다. 급증하는 북한이탈주민들이 우리 사회 정착을 위해서는 법률문화에 대한 이해가 필요하지만 이해부족으로 많은 피해와 시행착오를 겪고 있다고 합니다. 한국소비자원이 2010년 12월 조사한 것에 따르면 북한이탈주민이 소비자피해를 봤지만 권리구제를 포기하는 비율이 일반 국민의 두 배에 달하는 것으로 파악되었습니다.

  북한주민들이 대한민국에 안정적으로 정착할 수 있도록 관련법 교육이 필요하나 관련기관의 지원이 부족한 게 현실입니다. 이러한 상황에서 사법연수원에서의 봉사활동 기간 동안 북한이탈주민들에게 법률적인 도움을 줄 수 있는 방법을 찾다가 이 책을 저술하게 되었습니다. 이 책은 북한이탈주민들이 한국에서 생활하면서 주로 겪을 수 있는 법률문제를 사례별로 설명하고 관련 서식과 관련 기관 등에 대한 정보를 제공함으로써 스스로 법률문제를 해결하도록 도움을 주는 데 목적을 두었습니다.

  이 책은 경기서북부 하나센터의 이필환 사회복지사, 남진애 심리상담사, 사법연수생 권준석, 김동욱, 김춘성, 김광희, 김민정, 이민정, 이미연, 이선영, 오수진, 박주영, 박병훈이 나누어 집필하였습니다. 이 책에서 인용한 사례는 경기서북부하나센터에서 요청한 사항을 반영하였고 국민대 손행선 교수님의 저서 《북한이탈주민 법률사례 해설본》 책자도 참조하였습니다. 지면을 빌려 손행선 교수님께 감사말씀을 드립니다. 또한 저자들이 북한이탈주민 문제에 관심을 갖고 저술활동을 하는데 도움과 격려를 아끼지 않았던 사법연수원 교수님들에게도 감사드립니다.

저자들은 이 책이 북한이탈주민의 권리구제와 법률분쟁 예방에 좋은 길잡이가 되기를 바랍니다. 더불어 북한이탈주민이 우리사회에 정착하여 행복한 삶을 영위하는 데 도움이 되고 많이 활용되었으면 합니다.

이 책의 출간은 삼성법률봉사단의 도움을 받았습니다. 삼성법률봉사단은 북한이탈주민, 청소년, 다문화가정과 외국인근로자 등 취약계층을 대상으로 무료로 법률 조언을 하고 형사변론도 수행하는 삼성그룹 내 변호사들로 구성된 봉사단체입니다. 삼성법률봉사단에서는 북한이탈주민들의 법률문제에 대해 적극적인 도움을 주고 있습니다. 도움이 필요하신 분은 삼성법률봉사단(전화: 02-2023-4940, 인터넷 홈페이지: www.slas.or.kr)에 직접 연락을 하면 됩니다. 끝으로 이 책이 출간되게끔 도움을 주신 삼성법률봉사단에 감사드립니다.

2011년 12월
지은이 일동

나남신서 1610

북한이탈주민을 위한
법률 핸드북

차 례

소송절차에
대한 이해

1
절차안내

1. 민사

1) 소의 제기

법원에 소를 제기하려면 우선 소장을 작성해 제출해야 합니다. 소장의 양식은 서울중앙지방법원은 종합접수실 민원실에 유형별로 견본을 작성하여 비치해 두고 있으며 각급법원 민원실에도 견본을 비치하고 있습니다.

소장의 중요한 기재사항은 다음과 같습니다.

① 원·피고 당사자의 성명, 명칭 또는 상호와 주소, 주민등록번호
② 대리인이 있는 경우 대리인의 성명과 주소
③ 일과 중 연락가능한 전화번호, 팩스번호, E-Mail 주소
④ 청구취지(청구를 구하는 내용, 범위 등을 간결하게 표시)
⑤ 청구원인(권리 또는 법률관계의 성립원인 사실을 기재)
⑥ 부속서류의 표시(소장에 첨부하는 증거서류 등)
⑦ 작성 연월일
⑧ 법원의 표시
⑨ 작성자의 기명날인 및 간인

2) 재판

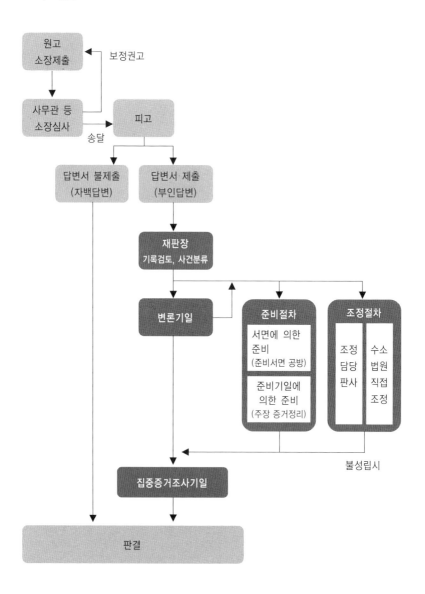

민사소송법 아래에서의 사건관리 및 심리구조의 개요를 설명하면 다음과 같습니다.

우선 소장이 접수되면 간단한 심사를 하여 특별한 형식적 하자가 없는 한 그 부본을 즉시 상대방에게 송달하고 30일 이내에 답변서를 제출하도록 최고합니다. 그 단계에서 소장이 송달불능이 되면 법원은 주소보정명령을 하는데 이에 따라 주소를 보정해야 소송절차가 진행됩니다. 주소를 보정하였음에도 불구하고 송달이 되지 않을 때는 법원 집행관이 직접 송달하는 특별송달을 신청할 수 있습니다. 피고의 주소를 알 수 없을 때는 공시송달을 이용할 수 있습니다. 주로 원고의 신청에 의해 법원이 이를 인정하는 형식으로 진행되는데 법원은 결국 공시송달로 처리될 사건은 공시송달 신청, 공시송달의 실행 및 관련 증거신청을 기일 전에 모두 마치도록 한 다음 곧바로 제1회 변론기일을 지정하여 변론종결이 되도록 운영합니다.

피고에게 소장이 송달된 경우에는, 답변서 제출기한이 만료된 직후 재판장이 사건기록을 검토하여 처리방향을 결정하는데 그때까지 답변서가 제출되었는지 여부에 따라 절차진행은 전혀 다른 궤도를 따라가게 됩니다.

먼저 기한 내에 답변서가 제출되지 않았거나 자백 취지의 답변서가 제출된 경우에는 일단 무변론판결 대상 사건으로 분류됩니다.

다음, 피고가 기한 내에 부인하는 취지의 답변서를 제출하여 원고청구를 다투는 경우에는, 재판장은 바로 기록을 검토하고 사건을 분류하여 심리방향을 결정합니다.

원칙적으로 재판장은 가능한 최단기간 안의 날로 제1회 변론기일을 지정하여 양쪽 당사자가 법관을 조기에 대면할 수 있도록 합니다. 제1회 변론기일은 쌍방 당사자 본인이 법관 면전에서 사건의 쟁점을 확인하고 상호 반박하는 기회를 가짐으로써 구술주의의 정신을 구현하는 절차입니다. 양쪽 당사자에게 본인의 주장과 호소를 하고 싶은 만큼 하도록 기회를 주고, 재판부도 공개된 법정에서의 구술심리 과정을 통해 투명하게 심증을 형성함으로써, 재판에 대한 신뢰와 만족도를 높이는 방향으로 운영하고자 하는 것입니다. 이처럼 제1회 변론기일을 통해 양쪽 당사자가 서로 다투는 점이 무엇인지 미리 분명하게 밝혀지면, 그 이후의 증거신청과 조사는 그와 같이 확인된 쟁점에 한정하여 집중적으로 이루어질 수 있게 됩니다.

한편 재판장은 사건분류 단계 또는 제1회 변론기일 이후의 단계에서, 당해 사건을 준비절차에 회부할 수 있습니다. 이는 양쪽 당사자의 주장 내용이나 증거관계가 매우 복잡하여, 별도의 준비절차를 통해 주장과 증거를 정리하고 앞으로의 심리계획을 수립하는 것이 필요하다고 판단하는 경우에 이루어집니다. 준비절차는 양쪽 당사자가 서로 준비서면을 주고받거나(서면에 의한 준비절차), 법원에서 만나 주장과 증거를 정리하는 방법(준비기일에 의한 준비절차)으로 진행됩니다.

앞서 본 변론기일 등의 절차가 진행되는 과정에서 쌍방 당사자는 준비서면에 의한 주장의 제출과 더불어 그 주장을 뒷받침하는 증거신청 및 증거의 현출을 모두 마쳐야 합니다. 따라서 관련 서증은 원칙적으로 준비서면에 첨부하여 제출해야 하고, 문서송부촉탁, 사실조회, 검증·감정신청과 그 촉탁은 물론 증인신청까지도 모두 이 단계에서 마치는 것을 원칙으로 합니다.

증거조사기일에는 원칙적으로 사건에 관련된 쌍방의 증인 및 당사자 신문 대상자 전원을 한꺼번에 집중적으로 신문하고, 신문을 마친 사건은 그로부터 단기간 내에 판결을 선고하는 구조로 운영합니다.

그리고 당사자 쌍방이 다투는 사건에 대해서는 위와 같은 절차진행의 과정 중 어느 단계에서든 화해권고결정이나 조정제도를 활용하여 분쟁의 화해적 해결을 시도하는 것을 지향합니다.

3) 판결에 대한 불복절차 - 상소

(1) 항소

제1심 판결에 불이익을 받은 당사자는 항소할 수 있습니다. 항소는 판결문을 송달받기 전에도 할 수 있고, 송달받은 날로부터 2주일 이내에 원심법원에 항소장을 제출해야 합니다.

2주일의 기간은 항소장이 원심법원에 접수된 날을 말하며, 항소장이 원심법원이 아닌 항소법원에 잘못 제출되어 원심법원으로 송부된 경우에는 원심법원에 도착시를 기준으로 하여 항소기간 준수 여부를 가리니 착오가 없도록 해야 합니다.

(2) 상고

상고는 항소심 판결에 영향을 미친 헌법·법률·명령·규칙의 위반이 있음을 이유로 한 경우에 한하여 대법원에 상고할 수 있습니다. 따라서 사실관계에 대한 당부는 판단할 수가 없습니다.

상고장은 판결이 송달된 날로부터 2주일 내에 원심법원(항소심법원)에 제출해야 하며, 상고장에는 상고인과 피상고인의 이름 및 주소를 기재해야 하고 항소심판결의 표시와 상고취지를 기재해야 합니다.

항소심판결의 표시는 법원명, 사건번호, 사건명, 선고일자, 주문 등을 기재합니다. 상고장에는 상고이유를 기재해도 좋으나 이유를 기재하지 않은 경우에는 소송기록접수의 통지를 받은 날로부터 20일 이내에 상고이유서를 제출해야 하며 이를 제출하지 않으면 상고를 기각합니다.

4) 소액사건재판

(1) 소액사건의 대상

소액사건은 소송목적의 값이 2,000만 원을 초과하지 아니하는 금전 기타대체물, 유가증권의 일정한 수량의 지급을 청구하는 사건을 대상으로 합니다.

(2) 소액사건의 재판절차의 특징

소액사건의 신속한 처리를 위해 소장이 접수되면 즉시 변론기일을 지정해 1회의 변론기일로 심리를 마치고 즉시 선고할 수 있도록 하고 있습니다. 다만, 법원이 이행권고결정을 하는 경우에는 즉시 변론기일을 지정하지 않고, 일단 피고에게 이행권고결정등본을 송달한 후 이의가 있을 경우에만 변론기일을 즉시 지정하여 재판을 진행하게 됩니다.

당사자의 배우자, 직계혈족, 형제자매는 법원의 허가 없이도 소송대리인이 될 수 있습니다. 이 경우 신분관계를 증명할 수 있는 가족관계기록사항에 관한 증명서 또는 주민등록등본 등으로 신분관계를 증명하고, 소송위임장으로 수권관계를 증명해야 합니다.

법원은 소장, 준비서면 기타 소송기록에 의하여 청구가 이유없음이 명백한 때는 변론 없이도 청구를 기각할 수 있습니다. 증인은 판사가 신문하고, 상당하다고 인정한 때는 증인 또는 감정인의 신문에 갈음하여 진술을 기재한 서면을 제출케 할 수 있습니다. 판결의 선고는 변론종결 후 즉시 할 수 있고, 판결서에는 이유를 기재하지 아니할 수 있습니다.

5) 민사조정

민사조정절차는 조정담당판사 또는 법원에 설치된 조정위원회가 분쟁 당사자로부터 주장을 듣고 여러 사정을 참작하여 조정안을 제시하고 서

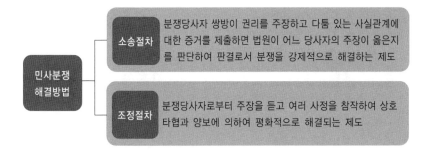

| 민사분쟁 해결방법 | 소송절차 | 분쟁당사자 쌍방이 권리를 주장하고 다툼 있는 사실관계에 대한 증거를 제출하면 법원이 어느 당사자의 주장이 옳은지를 판단하여 판결로서 분쟁을 강제적으로 해결하는 제도 |
| | 조정절차 | 분쟁당사자로부터 주장을 듣고 여러 사정을 참작하여 상호 타협과 양보에 의하여 평화적으로 해결되는 제도 |

로 양보와 타협을 통해 합의에 이르게 함으로써 분쟁을 평화적이고, 간이·신속하게 해결하는 제도입니다.

2. 가사

1) 가사소송

가사소송은 혼인·친자·양자 등의 기본적인 신분관계에 관한 분쟁 및 그와 관련된 재산관계에 관한 분쟁 중 가사소송법이나 가사소송규칙 또는 다른 법률의 규정에 의하여 가정법원의 권한에 속하는 사건을 대심적 구조의 소송절차에 의하여 처리하는 재판절차라고 할 수 있습니다.

가사소송은 사인간의 신분관계에 관한 분쟁을 대상으로 하고, 그 절차는 기본적으로 민사소송법에 의하여 진행됩니다.

2) 가사조정

분쟁이 발생한 경우에 소송을 통한 판결에 의하기보다 당사자의 타협과 양보로 신속하고 경제적으로 분쟁을 해결하기 위해 설치된 제도이며 법관이나 학식과 덕망이 높은 사회 저명인사로 구성된 조정위원이 조정을 주재하게 됩니다.

특히 이혼사건은 조정을 통해 일차적으로 건전한 혼인의 지속을 권유하고 부득이하게 이혼할 때도 당사자와 그 자녀에게 미치는 피해를 우선적으로 고려하여 처리함으로써 가정의 파탄에 따른 충격을 최소화할 수 있는 가장 합리적인 절차입니다.

3) 협의이혼

먼저 관할법원에서 부부가 협의이혼의사를 확인받은 후, 그중 1인이라도 위 확인서등본을 첨부하여 관할 가족관계등록(호적) 관서〔시(구)·읍·면사무소〕에 이혼신고를 하면 이혼의 효력이 발생합니다.

※ 협의이혼의사확인신청 시 재산관련 서류를 첨부하여 재산분할관계까지 확인받을 수는 없습니다.

(1) 협의이혼의사 확인

이혼하고자 하는 부부의 등록기준(본적)지 또는 주소지를 관할하는 가정법원에 부부가 함께 출석하여 신청합니다.

- 부부의 주소가 각기 다르거나 등록기준지와 주소가 다른 경우에는 그중 편리한 곳에 신청서를 제출하면 됩니다.
- 변호사 또는 대리인이 신청할 수 없습니다.
- 부부 중 일방이 외국에 있거나 교도소에 수감중인 경우에만 다른 일방이 혼자 출석하여 신청서를 제출할 수 있습니다.
- 재외국민인 당사자가 협의이혼을 하고자 하는 경우에는 그 거주지(그 지역을 관할하는 재외공간이 없는 때는 인접지역)를 관할하는 재외공관의 장에게 협의이혼의사확인신청을 할 수 있습니다.

(2) 협의이혼의사 확인신청 시 제출해야 할 서류

① 협의이혼의사확인신청서 1통: 부부가 함께 작성하며, 신청서양식
은 법원의 신청서 접수창구에 있습니다.

② 부부 각자의 가족관계증명서, 혼인관계증명서 각 1통: 시(구)·읍
·면사무소 또는 동사무소에서 발급받을 수 있습니다.

③ 주민등록등본 1통: 주소지 관할 법원에 이혼의사확인신청을 하는
경우에만 필요합니다.

④ 부부 중 일방이 외국에 있으면 재외국민등록부등본 1통이, 교도소
에 수감중이면 재감인증명서 1통이 필요하고, 송달료 2회분(구체
적인 금액은 접수담당자에게 문의)도 납부해야 합니다.

⑤ 미성년인 자녀(임신 중인 자를 포함하되, 법원이 정한 이혼숙려기간
이내에 성년에 도달하는 자녀는 제외)가 있는 부부는 이혼에 관한
안내를 받은 후 그 자녀의 양육과 친권자결정에 관한 협의서 1통과
사본 2통 또는 가정법원의 심판정본 및 확정증명서 3통을 제출합
니다.

그러나 부부가 함께 출석하여 신청하고 이혼에 관한 안내를 받은 경우
에는 협의서는 확인기일 1개월 전까지 제출할 수 있고 심판정본 및 확정
증명서는 확인기일까지 제출할 수 있습니다. 부부 중 일방이 외국에 있
거나, 교도소에 수감 중인 경우 신청서 제출 당시에 제출해야 합니다.

(3) 협의이혼의사확인절차

① 반드시 부부가 함께 본인의 신분증(주민등록증, 운전면허증, 여권
중 하나)과 도장을 가지고 통지받은 확인기일(시간)에 법원에 출석해야
합니다.

• 첫 번째 확인기일에 불출석하였을 경우에는 두 번째 확인기일에 출
석하면 되나, 두 번째 확인기일에도 불출석한 경우에는 확인신청을

취하한 것으로 봅니다.

- 부부 모두 이혼의사가 있음이 확인되면 법원에서 부부에게 확인서 등본 1통씩을 교부합니다.
- 부부 중 일방이 외국에 있거나 교도소에 수감중인 경우에만 다른 일 방이 혼자 출석하여 신청서를 제출할 수 있습니다.
- 부부 중 일방이 외국 또는 교도소에 있는 경우에는 법원에서 그 재 외공관 또는 수감된 교도소로 이혼의사확인을 요청하는 촉탁서를 보내 이혼의사가 있다는 회신이 오면, 상대방을 법원에 출석하도록 하여 이혼의사확인을 합니다.

② 가정법원에서 안내를 받은 날부터 다음의 기간이 경과한 후에 이 혼의사의 확인을 받을 수 있습니다.

- 미성년인 자녀(임신 중인 자를 포함)가 있는 경우에는 3개월
- 성년 도달 전 1개월 후 3개월 이내 사이의 미성년인 자녀가 있는 경 우에는 성년이 된 날
- 성년 도달 전 1개월 이내의 미성년인 자녀가 있는 경우에는 1개월
- 자녀가 없거나 성년인 자녀만 있는 경우에는 1개월

(4) 협의이혼의 철회

이혼의사확인을 받고 난 후라도 이혼할 의사가 없어지셨다면 이혼신고 를 하지 않거나, 이혼의사철회표시를 하려는 사람의 등록기준지, 주소 지 또는 현재지 시(구)·읍·면의 장에게 철회서를 제출해야 합니다.

그러나 상대방의 이혼신고서가 본인의 이혼의사철회서보다 먼저 접수 되면 철회서를 제출하였더라도 이혼의 효력이 발생합니다.

(5) 자의 성과 본의 변경

① 자의 성과 본의 변경이란

2005. 3. 개정 민법은 자의 복리를 위해 자의 성과 본을 변경할 필요가 있을 때는 부, 모 또는 자의 청구에 의하여 법원의 허가를 받아 이를 변경할 수 있는 제도를 도입하였습니다(민법 제781조 제6항).

이 제도는 주로 재혼가정에서 자라는 자녀들이 실제로 부의 역할을 하는 새 아버지와 성이 달라서 고통을 받을 때의 문제를 해결하기 위해 도입된 것입니다만, '자의 복리를 위해'라는 요건은 폭넓게 해석될 수 있는 것이므로 자의 성과 본의 변경 제도는 재혼가정 이외에도 광범위하게 이용될 수 있습니다.

② 청구방법

• 청구인: 부(법률상 친부 또는 양부를 말합니다), 모 또는 자가 청구할 수 있습니다.
• 관할 법원: 성과 본을 변경하려고 하는 자녀(사건본인)의 주소지의 가정법원(가정법원 및 가정지원이 설치되지 아니한 지역은 해당 지방법원 및 지방법원 지원)에 청구하시면 됩니다.
• 비용
인지: 사건본인 1명당 5,000원씩
송달료: 청구인수 × 3,020원(우편료) × 8회분(송달료취급은행에 납부하고 영수증을 첨부해야 합니다).

3. 형사

1) 형사소송절차 개요

형사소송절차는 검사의 공소제기를 기준으로 기소전 단계와 기소후 단계로 나뉩니다. 기소전 단계란 수사부터 검사의 공소제기까지의 단계로서 검사의 구속영장 청구, 청구된 구속영장에 대한 실질심사, 체포 또는 구속의 적법 여부에 대한 구속적부심사청구가 있습니다. 검사의 구속영장 청구 및 구속영장 실질심사에서 구속영장이 발부되거나 구속적부심사청구가 기각되면 피의자의 구속 상태는 유지되지만 구속영장이 발부되지 않거나 구속영장 실질심사에서 구속영장의 기각 및 구속적부심사청구가 인용되면 피의자는 석방됩니다.

기소후 단계는 검사의 청구에 따라 구공판과 구약식으로 나뉘고, 임의절차로서 공판준비절차(참여재판 필수)가 마련되어 있으며 이상의 절차를 마친 후 변론종결과 판결 선고까지를 포함합니다. 또한 변론종결시까지 배상명령청구와 보석청구가 각 가능합니다.

검사가 약식명령을 청구하면 판사는 약식명령을 발령하거나 통상의 공판절차에 회부하여 재판할 수도 있습니다. 약식명령에 불복이 있는 사람은 약식명령 고지를 받은 날로부터 7일 이내에 약식명령을 한 법원에 서면으로 정식재판청구를 할 수 있으며 이 경우 통상의 공판절차에 의하여 다시 심판하게 됩니다. 공판준비절차는 공판준비명령, 검사의 공판준비서면 제출, 피고인·변호인의 반박, 검사의 재반박, 공판준비기일 진행(증거조사, 쟁점정리), 공판준비절차 종결의 단계를 거치며 공판준비절차가 종결되면 공판절차가 개시됩니다.

공판절차는 재판장의 진술거부권 고지 및 인정신문, 모두진술, 쟁점 및 증거관리 등 정리, 피고인이 공소사실을 부인할 경우에는 증거조사 실시, 공소사실을 인정할 경우에는 간이공판절차회부, 피고인신문, 최

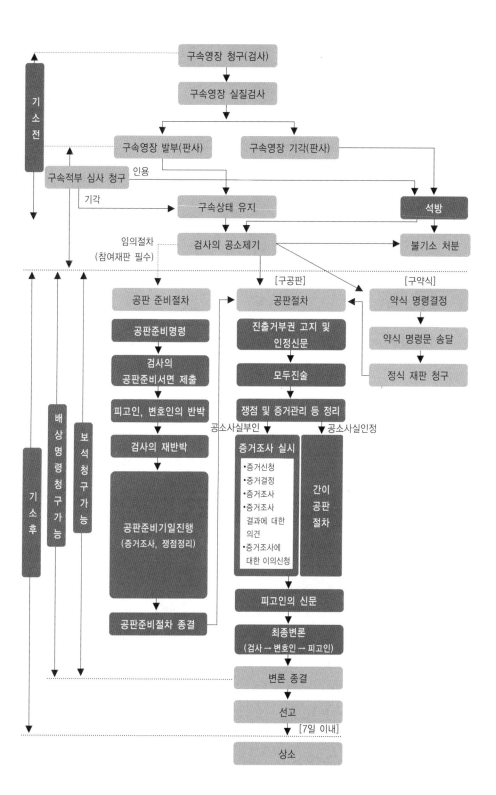

종변론(검사, 변호인, 피고인), 변론종결, 선고의 단계를 거치게 됩니다. 기소전과 기소후의 절차를 마치고 선고된 판결에 대하여 불복이 있는 사람은 판결의 선고일부터 7일(판결 선고일은 기산하지 아니합니다) 이내에 상소를 제기할 수 있습니다.

2) 용어설명

(1) 구속

피의자의 구속이란 피의자의 자유를 제한하여 형사재판에 출석할 것을 보장하고, 증거인멸을 방지하여 실체적 진실 발견에 기여하며, 확정된 형벌을 집행하기 위한 것으로 형사소송의 진행과 형벌의 집행을 확보하기 위한 제도입니다.

(2) 약식명령

공판절차를 거치지 아니하고 원칙적으로 서면심리만으로 피고인에게 벌금·과료를 부과하는 간단한 형사절차를 약식절차라고 하는데, 위 절차에서 한 재판을 약식명령이라고 합니다. 약식절차는 형사재판의 신속을 기하는 동시에 공개재판에 따르는 피고인의 심리적·사회적 부담을 덜어준다는 점에 그 존재 의의가 있습니다.

(3) 정식재판청구

정식재판청구란 약식명령에 불복이 있는 사람이 법원에 대하여 통상의 공판절차에 의하여 다시 심판해 줄 것을 청구하는 것입니다. 정식재판을 청구할 수 있는 사람은 검사, 피고인, 피고인을 대리하여 상소할 수 있도록 법에 정해진 사람(배우자, 직계친족, 형제자매 원심의 대리인 또는 변호인)입니다.

청구는 약식명령의 고지를 받은 날로부터 7일 이내에 약식명령을 한

법원에 서면으로 해야 합니다. 피고인이 정식재판을 청구한 사건에 대하여는 약식명령보다 중한 형을 선고하지 못합니다.

(4) 집행유예

집행유예란 형을 선고하되 일정기간 형의 집행을 미루어 두었다가 무사히 그 기간이 경과하면 형 선고의 효력을 상실하게 하여 형의 집행을 하지 않는 제도입니다. 피고인에게 형의 집행을 받지 않으면서 스스로 사회에 복귀할 수 있는 길을 열어주는 제도라고 할 수 있습니다.

(5) 보석

보석이란 법원이 적당한 조건을 붙여 구속의 집행을 해제하는 재판 및 그 집행을 말합니다. 피고인이 도망하거나 지정된 조건에 위반한 경우에 과태료 또는 감치에 처하거나 보석을 취소하고 보증금을 몰취하는 등의 심리적 강제를 가하여, 공판절차에의 출석 및 나중에 형벌의 집행단계에서의 신체확보를 기하고자 하는 제도입니다. 신체를 구속하지 않으면서도 구속과 동일한 효과를 얻을 수 있게 함으로써 불필요한 구속을 억제하고 이로 인한 폐해를 방지하려는 데 그 존재의의가 있습니다.

법원은 보석의 청구가 있으면

① 피고인이 사형·무기 또는 장기 10년이 넘는 징역이나 금고에 해당하는 죄를 범한 때
② 피고인이 누범에 해당하거나 상습범인 죄를 범한 때
③ 피고인이 죄증을 인멸하거나 인멸할 염려가 있다고 믿을 만한 충분한 이유가 있는 때
④ 피고인이 도망하거나 도망할 염려가 있다고 믿을 만한 충분한 이유가 있는 때
⑤ 피고인의 주거가 분명하지 아니한 때

⑥ 피고인이 피해자, 당해 사건의 재판에 필요한 사실을 알고 있다고 인정되는 자 또는 그 친족의 생명·신체나 재산에 해를 가하거나 가할 염려가 있다고 믿을 만한 충분한 이유가 있을 때를 제외하고는 보석을 허가해야 합니다.

또한, 법원은 위에서 열거한 예외사유에 해당하는 경우에도 상당한 이유가 있으면 직권 또는 청구에 의하여 보석을 허가할 수 있습니다.

(6) 상소(항소, 상고)

제1심 판결에 대하여 제2심 법원에 불복하는 것을 항소라 하고, 제2심 판결에 대하여 상고심에 불복하는 것을 상고라고 하며, 항소와 상고를 통틀어 상소라고 합니다.

① 상소권자

피고인을 위해 상소할 수 있는 사람은 피고인·피고인의 법정대리인·배우자·직계친족·형제자매 또는 원심의 대리인이나 변호인입니다. 다만 피고인의 배우자·직계친족·형제자매 또는 원심의 대리인이나 변호인은 피고인의 명시한 의사(상소포기 등)에 반하여 상소할 수는 없습니다.

② 상소제기의 방식

상소의 제기는 서면에 의해야 하며 구술에 의한 상소는 허용되지 않습니다. 또한 상소장은 상소의 대상인 판결을 한 법원에 제출해야 합니다.

③ 상소법원

서울중앙지방법원 단독판사가 선고한 판결에 대한 항소사건은 서울중앙지방법원 항소부에서, 서울중앙지방법원 합의부가 선고한 판결에 대한 항소사건은 서울고등법원에서 담당하고, 제2심 판결에 대한 상고사건은 대법원에서 담당합니다.

④ 상소제기기간

항소 또는 상고의 제기기간은 판결 선고일부터 7일(판결 선고일은 기산하지 아니합니다) 이내입니다. 민사소송과 달리 판결 송달일은 아무 관계가 없습니다.

주의할 것은 상소제기기간 내에 포함된 공휴일 또는 토요일까지 모두 계산하여 7일 이내에 상소를 제기해야 한다는 점입니다. 다만, 상소제기기간의 마지막날이 공휴일인 경우에는 그 다음날까지, 토요일인 경우에는 그 다음 주 월요일까지 상소하면 됩니다.

또한 상소는 상소장이 상소기간 내에 제출처인 법원에 도달해야만 효력이 있습니다. 다만 교도소 또는 구치소에 있는 피고인이 상소의 제기기간 내에 상소장을 교도소장 또는 구치소장 등에게 제출한 때는 상소장이 상소의 제기기간 후에 법원에 도달되었더라도 상소의 제기기간 내에 상소한 것으로 간주됩니다.

상소장이 상소제기기간 경과 후에 법원에 도달하게 되면 상소권 소멸 후의 상소가 되어 원심에서 상소기각결정을 합니다.

⑤ 상소이유서 제출기간

항소 또는 상고를 제기할 때는 항소장 또는 상고장만을 제출해도 됩니다. 하지만 항소 또는 상고에 따라 원심법원은 그 소송기록을 상소법원에 송부하고, 상소법원이 기록을 접수했을 때는 상소인에게 그 소송기록접수통지를 하는데, 상소인은 그 통지를 받은 날부터 20일 이내에 상소법원에 항소이유서 또는 상고이유서를 제출해야 합니다.

⑥ 항소이유와 상고이유

항소심에서는 원심판결 기재 번지를 거기른 사실이 없다꺼나 양형이 무겁다는 등의 사유를 자유롭게 항소이유로 할 수 있지만, 상고심에서는 사형, 무기 또는 10년 이상의 징역이나 금고가 선고된 사건이 아니면 양형이 무겁다는 사유를 상고이유로 할 수 없습니다.

⑦ 불이익변경의 금지

검사는 상소하지 않고 피고인만이 상소한 경우에는 상소심 법원은 피고인에게 원심판결의 형보다 중한 형을 선고할 수 없습니다. 다만 구속 중인 피고인의 경우 상당한 이유 없이 상소한 것으로 인정되는 때는 상소제기 후의 판결 선고 전 구금일수 중 상소제기기간 만료일부터 상소이유서 제출기간 만료일까지의 구금일수가 본형에 산입되지 않을 수 있으므로 그 점에서는 불이익을 입을 수 있음을 유념해야 합니다.

(7) 형사보상

형사보상이란 형사상의 재판절차에서 억울하게 구금 또는 형의 집행을 받은 사람에 대하여 국가가 보상해주는 제도를 말합니다.

(8) 즉결심판

즉결심판이란 판사가 죄질이 경미한 범죄사건에 대하여 형사소송법에 규정된 통상의 공판절차에 의하지 않고 간단하고 신속한 절차에 의하여 형을 선고하는 절차를 말합니다.

① 즉결심판의 대상

즉결심판이 허용되는 형사사건은 20만 원 이하의 벌금, 구류, 과료에 처할 범죄사건입니다.

② 즉결심판의 효력

• 확정판결과 동일한 효력

정식재판은 검사의 기소로 재판을 받게 되나, 즉결심판은 경찰서장의 청구로 즉결심판을 받은 후 정식재판청구기간 내에 정식재판청구가 없어 확정되면, 일반 형사재판의 확정판결과 동일한 효력을 가지므로, 동일한 사건으로 또 다시 처벌받지 않는 "일사부재리"의 원칙이 적용됩니다.

• 불복절차

즉결심판결과에 대해 이의가 있는 사람은 선고를 받은 날로부터 7일 이내에 관할 경찰서장에게 정식재판청구서를 제출함으로써 정식재판을 청구할 수 있고, 이 경우 즉결심판의 효력은 정지되고 정식재판절차에 따라 재판을 받을 수 있습니다. 단, 가납명령이나 유치명령이 있는 경우에는 확정 여부와는 상관없이 일단 그 형을 집행하게 됩니다.

* 절차에 관한 자세한 안내는 대법원 전자민원센터(http://help. scourt. go. kr)를 참고하시면 더욱 자세한 사항을 알 수 있습니다. 홈페이지의 메인 화면에 있는 "양식모음"을 참고하면 절차와 관련한 각종 서류 양식들을 확인할 수 있습니다.

2

소송지원제도

1. 국선변호인 선정제도

1) 국선변호인 선정제도

사선변호인이 선임되지 않은 경우에 피고인을 위해 법원이 국가의 비용으로 변호인을 선정해 주는 제도를 말합니다.

2) 필요적 국선변호인 선정

① 구속영장이 청구되고 영장실질심문절차에 회부된 피의자에게 변호인이 없는 때
② 피고인이 구속된 때, 미성년자인 때, 70세 이상인 때, 농아자인 때, 심신장애의 의심이 있는 자인 때, 사형·무기 또는 단기 3년 이상의 징역이나 금고에 해당하는 사건으로 기소된 때
③ 피고인의 연령, 지능, 교육 정도 등을 참작하여 권리보호를 위해 필요하다고 인정되고, 피고인이 국선변호인의 선정을 희망하지 아니한다는 명시적인 의사를 표시하지 않은 때
④ 치료감호법상 치료감호청구사건의 경우

⑤ 군사법원법이 적용되는 사건의 경우

위 사항에 해당하는 피고인의 경우 법원에서 직권으로 국선변호인을 선임합니다.

3) 임의적 국선변호인 선정

피고인이 빈곤 기타의 사유로 변호인을 선임할 수 없을 때는 법원에 국선변호인 선정을 청구할 수 있습니다. 빈곤 기타의 사유는 법원이 정한 사유에 따르나, 법원은 그 사유를 점점 넓혀가고 있습니다. 종전에는 국선변호인을 법원에서 일방적으로 선정하였으나 2003. 3. 1.부터 임의적 국선변호인 선택제도의 도입에 따라 피고인이 재판부별 국선변호인 예정자명부에 등재된 변호인 중에서 국선변호를 원하는 변호인을 임의적으로 선택하여 선정 청구할 수 있습니다.

4) 국선변호인 선정 청구

(1) 피고인

법원은 공소가 제기된 피고인에게 공소장부본의 송달과 함께 국선변호인 선정에 관한 고지도 함께 하고 있는데, 특히 피고인이 빈곤 기타의 사유로 인하여 개인적으로 변호인을 선임할 수 없을 때는 그 고지서 뒷면에 '국선변호인선정 청구서'가 인쇄되어 있으므로 그 빈칸을 기재하고 날인한 다음 신속하게(늦어도 고지서를 받은 때부터 48시간 안에) 법원에 제출하면 됩니다.

(2) 피고인 이외의 청구권자

피고인의 법정대리인, 배우자, 직계친족, 형제자매와 호주 역시 독립하여 국선변호인의 선정을 청구할 수 있습니다.

2. 소송구조

1) 소송구조제도란

소송비용을 지출할 자금능력이 부족한 사람에 대하여 법원이 당사자의 신청 또는 직권으로 재판에 필요한 비용(인지대, 변호사 보수, 송달료, 증인여비, 감정료 기타 재판비용)의 납입을 유예 또는 면제시킴으로써 그 비용을 내지 않고 재판을 받을 수 있도록 하는 제도입니다.

2) 소송구조의 대상

민사소송, 행정소송, 가사소송의 본안사건은 물론이고, 독촉사건, 가압류·가처분신청사건도 그 대상이 됩니다.

3) 소송구조의 신청

소송을 제기하려는 사람과 소송계속 중의 당사자가 신청할 수 있으며, 자연인은 물론 외국인과 법인도 신청할 수 있습니다. 신청서에는 1,000원의 인지와 송달료 2회분을 첨부하여, 소 제기 전에는 소를 제기하려는 법원, 소 제기 후에는 소송기록을 보관하고 있는 법원에 신청해야 합니다.

4) 소송구조의 요건

소송구조를 하기 위해서는 신청인의 무자력과 승소가능성이라는 두 가지 요건이 필요합니다. 무자력은 자연인의 경우에는 경제적으로 빈곤하여 자기 및 가족에게 필요한 생활을 해하지 않고서는 소송비용을 지출할 수 없는 상태에 있는 사람을 의미하며, 이에 대한 소명자료로 '소송구조 재산관계진술서'를 작성해서 제출해야 합니다.

승소가능성은 신청인이 그 소송에서 패소할 것이 분명하지 아니할 경우 인정되며, 법원이 재판절차에서 나온 자료를 기초로 판단합니다.

3. 법률구조공단

1) 대한법률구조공단

국가는 경제적으로 어렵거나 법을 모르기 때문에 법의 보호를 제대로 받지 못하는 사람들이 적법한 절차에 의하여 정당한 권리를 보호받을 수 있도록 하기 위한 법률구조제도를 마련하여 두고 있습니다.

그리고 이러한 법률구조사업을 효율적으로 수행하도록 하기 위해 국가에서 설립하고 운영하는 기관이 대한법률구조공단입니다.

공단은 1987. 9. 1 설립되어 본부는 서울특별시 서초구 법원4길 17에 있으며 전국의 법원, 검찰청 소재지마다 지부와 출장소·지소가 있습니다.

2) 공단이 하는 일

대한법률구조공단은 국민들을 위한 무료법률상담, 저소득층을 위한 소송대리·형사변호 지원 등의 법률구조사업을 수행하고 있습니다.

(1) 무료법률상담

모든 사람들에게 민사·형사·행정 등 법률문제 전반에 대하여 공단 사무실을 방문한 면접법률상담, 전국어디서나 국번없이 132번에 의한 전화법률상담, 공단 홈페이지(http://www.klac.or.kr)를 통한 사이버 법률상담 등을 하고 있습니다.

(2) 합의중재

소송을 하지 않고 당사자간에 원만하게 합의를 하는 것이 가장 좋은 분쟁해결방법입니다. 공단에서는 당사자간의 이해관계를 조정하여 원만한 합의를 권유함으로써 불필요한 소송을 예방하는 일을 하고 있습니다.

(3) 소송서류의 무료작성

소송하고자 하는 가액이 1천만 원 이하이고, 차용증서를 소지하고 있는 경우와 같이 명백하고 단순한 사안은 소장이나 가압류신청서 등의 소송서류를 무료로 작성하여 줄 뿐만 아니라 그 후에도 소송 진행에 대해 계속적인 조언을 하여 줌으로써 변호사 없이 혼자서도 소송을 할 수 있도록 도와드리고 있습니다.

(4) 민사·가사 사건 등의 소송대리

공단에서 법률상담을 한 사안 중 변호사를 선임하여 소송을 할 필요가 있다고 판단되는 사안은 공단소속 변호사와 공익법무관이 소송을 수행하여 드립니다.

(5) 형사사건의 무료변호

공단에서 변호를 해주는 형사사건은 「구속사건」, 「공판절차에 회부된 사건」, 「소년부에 송치된 사건」, 「재심사건」이며 모두 무료로 변호를 받을 수 있습니다.

※ 다만 보석보증금이나 보험증권발급수수료 등은 본인이 부담해야 합니다.

그러나 본인이 부담하였던 보석보증금은 재판이 끝난 후 본인이 직접 회수할 수 있습니다.

3) 소송비용

공단에서의 법률구조라 하더라도 변호사나 공익법무관을 소송대리인으로 선임하여 소송 등을 하는 경우에는 법원에 납부하는 인지대·송달료 등 소송실비와 소정의 변호사 비용을 공단에 상환(납부)해야 합니다.

그러나 공단에 지급해야 하는 변호사 비용은 대법원규칙에서 정한 변호사 비용의 절반 정도에 불과하며 시중의 일반 변호사 선임비용에 비하면 극히 저렴한 금액입니다. 따라서 공단의 법률구조를 받으면 개인적으로 변호사를 선임하는 경우에 비해 소송비용에 대한 부담이 아주 적습니다.

더욱이 도시영세민이나 장애인과 같이 특별한 보호가 필요한 분들에게는 공단에 상환해야 할 소송비용도 면제시켜주는 "무료법률구조제도"가 있고, 형사사건에 대하여도 모두 무료변호를 하고 있습니다.

* 자세한 사항은 대한법률구조공단 홈페이지(http://www.klac.or.kr)
또는 전화(전국 국번없이 132)를 이용하시기 바랍니다.

3

전국법원관할 및 전화번호

1. 관할

전국 법원은 「각급 법원의 설치와 관할구역에 관한 법률」에 의한 관할이 지정되어 있으며, 관할이 없는 법원에 사건을 제출하시면 접수되지 않거나 다른 법원으로 이송 과정을 거쳐야 하기 때문에 관할을 확인하시는 것이 바람직합니다. 관할 정보는 각 지역마다 다르기 때문에 대법원 전자민원센터 홈페이지에 들어가셔서 위치정보 - 법원/관할정보를 확인하시기 바랍니다.

2. 전국법원 전화번호 안내

1) 서울

서울가정법원 교환: 02) 530-1114, 민원안내: 02) 530-2000

서울고등법원 교환: 02) 530-1114, 종합접수실: 02) 530-1202~4,

서울남부지방법원 교환: 02) 2192-1114

서울동부지방법원 교환: 02) 2204-2114

서울북부지방법원 교환: 02) 910-3114

서울서부지방법원 교환: 02) 3271-1114, 민원안내: 02) 3271-1881

서울중앙지방법원 02) 530 1114

서울행정법원 02) 3479-3101

2) 인천

인천지방법원 032) 860-1113~4

인천지방법원 강화군법원 032) 934-8948

인천지방법원 부천지원 교환: 032) 320-1114,

　　　　　　　　　　민원안내: 032) 320-1234

인천지방법원 부천지원 김포시법원 031) 982-3103

3) 수원

수원지방법원 교환: 031) 210-1114, 민원: 031) 210-1482~4,

　　　　　　야간: 031) 210-1111

수원지방법원 성남지원 교환: 031) 737-1114, 민원: 031) 737-1125,

　　　　　　야간 : 031) 737-1120

수원지방법원 성남지원 광주시법원 031) 763-2187~8

수원지방법원 안산지원 대표전화: 031) 481-1114,

　　　　　　민원안내: 031) 481-1238, 야간: 031) 481-1112

수원지방법원 안산지원 광명시법원 02) 2681-6390~1

수원지방법원 안양지원 대표전화 031) 8086-1114

수원지방법원 여주지원 교환, 민원안내: 031) 880-7516

수원지방법원 여주지원 양평군법원 031) 772-5996, 5998

수원지방법원 여주지원 이천시법원 031) 635-7040

수원지방법원 오산시법원 031) 374-0328~9

수원지방법원 용인시법원 031) 338-2212~3

수원지방법원 평택지원 민원안내: 031) 650-3107,

교환안내: 031) 650-3114

수원지방법원 평택지원 안성시법원 031) 673-8596

4) 의정부

의정부지방법원 교환 (031) 828-0114

의정부지방법원 가평군법원 대표전화: 031) 582-9747

　　　　　　　　민원안내: 031) 582- 9747

의정부지방법원 고양지원 031) 920-6114, 야간: 031) 920-6500, 6550,

　　　　　　　　민원: 031) 920-6111, 팩스: 031) 920-6119

의정부지방법원 고양지원 파주시법원 031) 945-8668

의정부지방법원 남양주시법원 대표전화: 031) 553-6097,

　　　　　　　　민원안내: 031) 553-6098

의정부지방법원 동두천시법원 대표전화: 031) 862-2411,

　　　　　　　　민원안내: 031) 864-0214

의정부지방법원 연천군법원 대표전화: 031) 834-3673

　　　　　　　　민원안내: 031) 834-3673

의정부지방법원 철원군법원 대표전화: 033) 452-2783

　　　　　　　　민원안내: 033) 452-2783

의정부지방법원 포천시법원 대표전화: 031) 535-6765

　　　　　　　　민원안내: 031) 536-8513

5) 춘천

춘천지방법원 대표전화: 033) 259-9000, 259-9114

춘천지방법원 강릉지원 대표안내: 033) 640-1000,

　　　　　　　　당직실: 033) 640-1199

춘천지방법원 강릉지원 동해시법원 033) 531-8927, 8929

춘천지방법원 강릉지원 삼척시법원 033) 574-8255~6

춘천지방법원 속초지원 안내: 033) 639-7600, 당직실: 033) 639-7600

춘천지방법원 속초지원 고성군법원 033) 681-4131

춘천지방법원 속초지원 양양군법원 033) 672-2081

춘천지방법원 양구군법원 033) 481-1544

춘천지방법원 영월지원 안내: 033) 371-1114,

　　　　　　당직실: 033) 371-1115, 서무계: 033) 371-1113

춘천지방법원 영월지원 정선군법원 033) 563-7401

춘천지방법원 영월지원 태백시법원 033) 552-3628

춘천지방법원 영월지원 평창군법원 033) 333-0397

춘천지방법원 원주지원 당직실: 033) 735-4912,

　　　　　　서무계: 033) 735-4906, 접수계: 033) 735-4911

춘천지방법원 원주지원 횡성군법원 033) 343-5281

춘천지방법원 인제군법원 033) 462-6222

춘천지방법원 홍천군법원 033) 434-7243

춘천지방법원 화천군법원 033) 442-0125

6) 청주

청주지방법원 교환: 043) 249-7114~5, 야간: 043) 249-7400,

　　　　　　법률상담: 043) 249-7418 (14시~16시),

　　　　　　민원상담: 043) 249-7465

청주지방법원 괴산군법원 043) 834-9922

청주지방법원 보은군법원 043) 543-2520

청주지방법원 영동지원 043) 740-4000

청주지방법원 영동지원 옥천군법원 043) 731-2025

청주지방법원 제천지원 민원안내: 043) 640-2070,

청주지방법원 제천지원 단양군법원 043) 423-3166

청주지방법원 진천군법원 043) 534-0855

청주지방법원 충주지원 교환: 043)841-9114

청주지방법원 충주지원 음성군법원 043)872-0881

7) 대전

대전고등법원 교환: 042)470-1114, 야간: 042)470-1301,

　　　　　　　민원안내: 042)470-1142

대전지방법원 교환: 042)470-1114, 야간: 042)470-1301,

　　　　　　　민원안내: 042)470-1313

대전지방법원 가정지원 대표전화: 042)480-2000

대전지방법원 공주지원 교환: 041)855-2255,

　　　　　　　민원안내: 041)856-4520

대전지방법원 공주지원 청양군법원 041)942-0486

대전지방법원 금산군법원 041)754-1722

대전지방법원 논산지원 교환: 041)745-2035,

　　　　　　　민원안내: 041)745-2035

대전지방법원 논산지원 부여군법원 041)836-2214

대전지방법원 서산지원 교환: 041)660-0600, 야간: 041)660-0725~6

대전지방법원 서산지원 당진군법원 041)355-9436

대전지방법원 서산지원 태안군법원 041)672-6744

대전지방법원 연기군법원 041)867-4500

대전지방법원 천안지원 교환: 041)620-3000,

　　　　　　　민원안내: 041)620-3058

대전지방법원 천안지원 아산시법원 041)549-0698

대전지방법원 홍성지원 교환: 041)640-3100, 야간: 041)640-3264

대전지방법원 홍성지원 보령시법원 041)931-0501

대전지방법원 홍성지원 서천군법원 041)956-7550

대전지방법원 홍성지원 예산군법원 041)334-4387

특허법원〔대전〕민원 (042) 480-1463

8) 대구

대구고등법원 교환: 053) 757-6600, 민원상담안내: 053) 757-6282,
　　　　　민원(부조리) 신고: 053) 755-1882

대구지방법원 대표: 053) 757-6600, 민원안내: 053) 757-6582,
　　　　　당직실: 053) 757-6700~1 등기민원 콜센터: 1544-0773

대구지방법원 가정지원 053) 570-1700, 570-1599 (야간 당직실)

대구지방법원 경산시법원 053) 818-3719

대구지방법원 경주지원 대표전화: 054) 770-4300,
　　　　　야간당직실: 054) 770-4380

대구지방법원 김천지원 교환: 054) 420-2114, 야간: 054) 420-2115,
　　　　　민원상담: 054) 420-2071

대구지방법원 김천지원 구미시법원 대표: 054) 455-6660

대구지방법원 상주지원 교환: 054) 530-5500,
　　　　　야간당직실: 054) 530-5578, 민원안내: 054) 530-5500

대구지방법원 상주지원 문경시법원 054) 555-9484~5, 552-0593

대구지방법원 상주지원 예천군법원 054) 652-0608, 552-6010

대구지방법원 서부지원 교환: 053) 570-2114, 당직실: 053) 570-2200

대구지방법원 서부지원 고령군법원 (054) 955-9999

대구지방법원 서부지원 성주군법원 (054) 931-8400

대구지방법원 안동지원 안내·당직실: 054) 850-5090

대구지방법원 안동지원 봉화군법원 대표: 054) 672-6644

대구지방법원 안동지원 영주시법원 054) 634-3885

대구지방법원 영덕지원 054) 730-3000, 야간당직실: 054) 733-1882

대구지방법원 영덕지원 영양군법원 054) 683-1698

대구지방법원 영덕지원 울진군법원 054) 783-8010

대구지방법원 영천시법원 054) 332-2365

대구지방법원 의성지원 대표: 054) 830-8099,

　　　　　야간당직실: 054) 830-8099

대구지방법원 의성지원 군위군법원 054) 383-1271

대구지방법원 의성지원 청송군법원 054) 873-6043

대구지방법원 청도군법원 054) 373-6794

대구지방법원 칠곡군법원 054) 973-2867

대구지방법원 포항지원 대표: 054) 250-3050

9) 전주

전주지방법원 교환: 063) 259-5400, 민원안내: (일반 259-5484 · 5585,

　　　　　민사 259-5593, 형사 259-5594, 가압류/가처분 259-

　　　　　5507, 경매 259-5715)

전주지방법원 군산지원 대표전화(ARS) : 063) 450-5000,

　　　　　민원안내: 063) 450-5080

전주지방법원 군산지원 익산시법원 063) 854-5592,

　　　　　FAX: 063) 854-5593

전주지방법원 김제시법원 063) 547-2806, FAX: 063) 546-8246

전주지방법원 남원지원 대표전화(ARS) 063) 620-2700

　　　　　당직실(야간) : 063) 620-2727

전주지방법원 남원지원 순창군법원 063) 653-6203

전주지방법원 남원지원 장수군법원 063) 351-4385

전주지방법원 무주군법원 063) 322-0591

전주지방법원 임실군법원 063) 642-1991

전주지방법원 정읍지원 대표전화(ARS) : 063) 570-1000,

　　　　　민원안내: 063) 570-1004, 1184

전주지방법원 정읍지원 고창군법원 063) 561-2011

전주지방법원 정읍지원 부안군법원 063) 584-8608

전주지방법원 진안군법원 063) 433-2810

10) 광주

광주고등법원 민원안내: 062) 239-1265, 1191

광주고등법원 제주부 교환: 064) 729-2000, 민원안내: 064) 729-2233

광주지방법원 교환: 062) 239-1114, 민원안내: 062) 239-1213

광주지방법원 가정지원 교환:062) 239-1114

광주지방법원 곡성군법원 061) 363-0073

광주지방법원 광주소년부지원 교환: 062) 239-1114

광주지방법원 나주시법원 061) 336-0044

광주지방법원 담양군법원 061) 381-0852

광주지방법원 목포지원 061) 270-6600

광주지방법원 목포지원 무안군법원 061) 453-0999, 453-8298

광주지방법원 목포지원 영암군법원 061) 473-4560

광주지방법원 목포지원 함평군법원 061) 324-2343

광주지방법원 순천지원 교환: 061) 729-5114

광주지방법원 순천지원 고흥군법원 061) 833-0180

광주지방법원 순천지원 광양시법원 (061) 791-8018

광주지방법원 순천지원 구례군법원 061) 782-0440

광주지방법원 순천지원 보성군법원 061) 852-1660

광주지방법원 순천지원 여수시법원 061) 681-1688

광주지방법원 영광군법원 061) 351-2546

광주지방법원 장성군법원 061) 393-3138

광주지방법원 장흥지원 민원안내: 061) 860-1500

광주지방법원 장흥지원 강진군법원 061) 433-6199

광주지방법원 해남지원 교환: 061) 534-9151

광주지방법원 해남지원 완도군법원 061) 554-9809

광주지방법원 해남지원 진도군법원 061) 544-4890

광주지방법원 화순군법원 061) 374-6124

11) 울산

울산지방법원 법원 대표전화 안내센터 052) 228-8000,
            민원안내: 052) 228-8009

울산지방법원 양산시법원 055) 388-4071~2

12) 부산

부산가정법원 교환: 051) 590-1114, 민원안내: 590-0001,
            재판기일 및 법원업무안내: 1588-9100

부산고등법원 교환(민원안내): 051) 590-1114, 재판기일 및 법원업무
            안내: 1588-9100

부산지방법원 교환: 051) 590-1114, 민원안내: 590-0001,
            재판기일 및 법원업무안내: 1588-9100

부산지방법원 동부지원 교환: 051) 780-1114,
            민원안내: 051) 780-1198, 등기민원콜센터: 1544-0773

13) 창원

창원지방법원 교환: 055) 239-2000, 민원안내: 055) 239-2177,
            239-2005

창원지방법원 거창지원 민원안내: 055) 940-7171

창원지방법원 거창지원 함양군법원 055) 963-8682

창원지방법원 거창지원 합천군법원 055) 934-0071

창원지방법원 김해시법원 055) 322-6221, 322-6220

창원지방법원 마산시법원 055) 222-5463

창원지방법원 마산지원 의령군법원 055) 572-5320

창원지방법원 마산지원 함안군법원 055) 583-8260

창원지방법원 밀양지원 055) 350-2500

창원지방법원 밀양지원 창녕군법원 055) 533-8104

창원지방법원 진주지원 교환: 055) 760-3300

창원지방법원 진주지원 남해군법원 055) 864-6904

창원지방법원 진주지원 사천시법원 055) 833-9485

창원지방법원 진주지원 산청군법원 055) 973-5608

창원지방법원 진주지원 하동군법원 055) 884-0602~3

창원지방법원 창원남부시법원 055) 542-9592

창원지방법원 통영지원 교환: 055) 640-8500

창원지방법원 통영지원 거제시법원 055) 637-3098

창원지방법원 통영지원 고성군법원 055) 672-4792

14) 제주

제주지방법원 교환: 064) 729-2000, 민원안내: 064) 729-2233

제주지방법원 서귀포시법원 064) 762-3881

가족관련
Q&A

질문

국제결혼절차

탈북하여 중국에 머무르던 중 중국인 남편을 만나 사실혼 관계를 유지하고 있었습니다. 그런데 남편을 중국에 놔 둔 채 저만 한국에 온 상태입니다. 중국 남편과 정식으로 혼인하여 한국에서 같이 살고 싶은데 어떻게 해야 하는 건가요?

답변

1. 혼인의 효력

1) 중국에서의 혼인은 유효하나 일반적으로 비효율적

(1) 중국법에 의한 경우

① 우리나라가 아닌 외국에서 그 외국법에 따라 혼인을 하였다면 그 혼인은 한국에서도 유효합니다. 따라서 중국에 가셔서 중국법에 따라 혼인을 하신 후 한국으로 돌아오셔도 유효한 혼인이 됩니다. 다만 이 경우 반드시 중국에 직접 가셔서 혼인신고 등을 해야 하므로 실효성이 적습니다.

② 이 경우 중국 해당 관공서에서 혼인관계증명서등[1] 을 발급받아 이

---

1) 결혼공증서(인증)〔結婚公証書(外交部　認証)〕,　결혼증　원본(結婚証原件),　호구부　사본(戶口簿夏印件), 중국신분증　원본(중국)(身份証原件),　주민등록증 원본(또는 면허증, 여권)

를 한국의 구청으로 송부하면 구청에서 이를 고려하여 가족관계증명서(과거 호적)를 만들게 됩니다.

(2) 한국법에 의한 경우

① 이는 중국에 있는 한국 영사관을 통해 가능합니다. 구체적인 내용은 한국에서의 혼인과 동일하나, 다만 혼인신고서를 제출할 때 중국에 있는 대한민국 영사관에 제출하면 된다는 것만 다릅니다.
② 영사관이 혼인신고서를 받으면 이를 한국에 송부하고, 이에 따라 가족관계증명서가 만들어집니다.

(3) 중국선(先) 혼인신고(=중국에서 혼인신고하기)

① 중국선 혼인신고의 경우 보통 중국을 자주 다니시는 분들이나 중국에서 생활하시려는 분들이 많이 선택하는 방법입니다. 이 방법을 선택하면 중국의 결혼증이 나오고, 이것이 있으면 중국내에서 거류증신청 등 비자관련해서 도움을 많이 받습니다. 그래서 결혼증을 발급받아두기 위해 중국선을 하시는 분들도 많습니다.
② 중국에서 혼인신고를 하시려면 먼저 한국에서 한국분의 서류를 준비해야 합니다. 구체적으로 혼인관계증명서에 대해 중국어번역공증, 한국외교부인증, 중국영사관인증을 받아야 합니다. 과거에 일시적으로 미혼성명서라는 것이 필요하였으나 2010. 11. 이후 법적으로 필요하지 않습니다. 그러나 중국이 워낙 영토가 넓다보니 이러한 절차가 제대로 받아들여지지 않은 곳이 있어 만에 하나 이를 요구하는 곳이 있을 수도 있습니다.
③ 위 서류를 가지고 한국분, 중국분 모두 함께 중국분의 호구지 관할 민정국에 가서 결혼증을 만들면 됩니다. 이때 반드시 두 분이 함께 중국에서 결혼증을 만드셔야 합니다.
④ 결혼증이 나온 후 중국분의 호구지 관할 파출소에 가서 호구부에

기혼으로 변경해야 비로소 중국에서 혼인절차가 종료합니다.

⑤ 다음으로 한국에서도 혼인신고를 해야 하는데 이때 필요한 서류는 결혼공증서, 결혼증, 거민신분증, 호구부, 여권이고 그중 결혼공증서에는 꼭 중국외교부(외사판공실)의 인증 도장을 받아서 보내셔야 합니다. 그리고 만약 한국분 본인도 한국에서 나올 수가 없는 경우라면 한국분의 신분증 원본도 같이 한국으로 보내서 한국의 가족분이 대리인으로 혼인신고를 하면 됩니다.

⑥ 위의 서류가 도착하면 한국어로 번역을 하고 혼인신고서를 작성하여 한국의 구청이나 읍·면사무소에서 혼인신고를 하시면 됩니다(특별히 주소지 관할에서 혼인신고를 해야 한다는 규정은 없으나 동사무소에서는 혼인신고서류를 받아주지 않습니다).

2) 한국에서 혼인은 유효하고 일반적으로 더 효율적임

특별한 사정이 없는 한 비용, 시간 면에서 한국에서 혼인절차를 진행하는 것이 더 나을 것입니다. 한국에서 혼인을 하기 위해서는 아래와 같은 실체(實體)적인 부분과 절차(節次)적인 부분이 충족되어야 합니다.

2. 실체적인 부분

- 혼인의사: 구청에 혼인신고할 의사 + 동거하는 등 같이 살 의사
- 혼인연령: 만 18세[2] 단, 미성년자의 경우 - 부모의 동의 필요
- 친족관계: 8촌 이내의 혈족 등 매우 가까운 친족사이는 혼인금지
- 중혼금지: 이미 법적 배우자(사실혼이 아닌 법률혼 의미)가 있는 사람은 중복하여 혼인할 수 없음[3]

---

[2] 과거에는 남자 만 18세, 여자 만 16세였으나 2007년 개정되어 모두 만 18세로 통일되었습니다.

3. 절차적인 부분

증인 2인, 혼인신고서의 제출
- 성년 이상의 증인 2인이 혼인신고서에 서명, 날인하고 혼인신고서를 주소지 구청에 제출해야 함.

4. 중국인 남편이 한국으로 들어오는 방법

중국인이 한국에 들어오기 위해서는 사증(VISA)을 발급받아야 하는데, 중국인이 한국에 장기체류하기 위한 사증을 발급받기란 매우 어렵습니다. 이것은 한국인이 중국에 장기체류할 경우에도 마찬가지인데, 통상 장기체류를 위한 비자는 취업비자, 결혼비자 등이 있습니다. 이 사안의 경우 이 중 결혼비자에 의해 한국에 들어올 수 있습니다. 비자를 받기 위해서는 우선 여권이 있어야 합니다. 여권에 비자를 붙이는 방법으로 발급합니다.

---

3) 여기서의 중혼은 법률혼을 말하며 혼인신고가 없는 사실혼이나 단순한 동거에 불과한 경우는 이에 해당하지 않습니다. 따라서 중국에서 만약 사실혼을 넘어선 법률혼이 이루어진 경우라면 중혼이 됩니다.

• 중국에서 혼인의 효력

국제사법

제36조(혼인의 성립) ① 혼인의 성립요건은 각 당사자에 관하여 그 본
국법에 의한다. ② 혼인의 방식은 혼인거행지법 또는 당사자 일방의 본
국법에 의한다. 다만, 대한민국에서 혼인을 거행하는 경우에 당사자 일
방이 대한민국 국민인 때는 대한민국 법에 의한다.

• 참고 판례

대법원 1991. 12. 10. 선고 91므535 판결 【판시사항】 가. 우리나라 사람
들이 혼인 거행지인 일본국의 호적법에 따른 혼인신고를 마친 경우의 혼
인의 효력 유무(적극) 【판결요지】 가. 섭외사법 제15조 제1항은 우리
나라 사람들 사이의 외국에서의 혼인에 있어서 민법 제812조와 호적법
에 의한 본적지에서의 신고나 제814조의 공관장에의 신고에 의한 방법
외에 거행지법에 의한 혼인도 유효하게 성립하는 것으로 규정하고 있고,
거행지법인 일본국 민법에 의하면 혼인은 동 국의 호적법에 의하여 신고
함으로써 성립하도록 규정되어 있으므로 일본국법에 따른 혼인신고를
마쳤다면 혼인이 유효하게 성립하였다고 할 것이다.

• 한국에서 혼인

민법

제807조(혼인적령) 만 18세가 된 사람은 혼인할 수 있다.
제808조(동의가 필요한 혼인) ① 미성년자가 혼인을 하는 경우에는 부

모의 동의를 받아야 하며, 부모 중 한쪽이 동의권을 행사할 수 없을 때는 다른 한쪽의 동의를 받아야 하고, 부모가 모두 동의권을 행사할 수 없을 때는 미성년후견인의 동의를 받아야 한다. ② 피성년후견인은 부모나 성년후견인의 동의를 받아 혼인할 수 있다.

제809조(근친혼 등의 금지) ① 8촌 이내의 혈족(친양자의 입양 전의 혈족을 포함한다) 사이에서는 혼인하지 못한다. ② 6촌 이내의 혈족의 배우자, 배우자의 6촌 이내의 혈족, 배우자의 4촌 이내의 혈족의 배우자인 인척이거나 이러한 인척이었던 자 사이에서는 혼인하지 못한다. ③ 6촌 이내의 양부모계(양부모계)의 혈족이었던 자와 4촌 이내의 양부모계의 인척이었던 자 사이에서는 혼인하지 못한다.

제810조(중혼의 금지) 배우자 있는 자는 다시 혼인하지 못한다.

제812조(혼인의 성립) ① 혼인은 「가족관계의 등록 등에 관한 법률」에 정한 바에 의하여 신고함으로써 그 효력이 생긴다. ② 전항의 신고는 당사자쌍방과 성년자인 증인2인의 연서한 서면으로 해야 한다.

제813조(혼인신고의 심사) 혼인의 신고는 그 혼인이 제807조 내지 제810조 및 제812조 제2항의 규정 기타 법령에 위반함이 없는 때는 이를 수리해야 한다.

제814조(외국에서의 혼인신고) ① 외국에 있는 본국민 사이의 혼인은 그 외국에 주재하는 대사, 공사 또는 영사에게 신고할 수 있다. ② 제1항의 신고를 수리한 대사, 공사 또는 영사는 지체 없이 그 신고서류를 본국의 등록기준지를 관할하는 가족관계등록관서에 송부해야 한다.

1. 혼인을 위한 절차

1) 서류의 송부

중국인 남편에게 연락하여 혼인신고서 등 관련서류를 작성하고 준비하여 한국에 있는 자신에게 우편 등으로 보내달라고 한다.

(1) 필요한 서류

① 혼인신고서
- 한국의 '서울가정법원사이트'에 들어가기
- 사이트 우측 상단의 '가족관계등록'란을 클릭
- 사이트 좌측에 있는 '가족관계등록양식'란을 클릭
- 검색란에 '혼인신고서'라고 타이핑한 후 검색하여 혼인신고서 양식 출력
- 혼인신고서 양식 중 남편이 작성해야 할 부분을 작성 (여자측이 작성해야 할 부분은 공란으로 남겨 둠)

② 미혼(未婚)공증서(公證書)[단, 재혼의 경우 미재혼(未再婚)공증서]
  중국외교부(외사판공실)의 인증 도장을 마친 것일 것

③ 국적공증서 혹은 여권
  국적공증서의 경우 중국외교부(외사판공실)의 인증 도장을 마친 것일 것. 되도록이면 국적 공증서를 보낼 것을 추천. 여권의 경우 우편으로 보내는 것을 법적으로 금하고 있지는 않으나 분실하면 나중에 곤란하게 됨.

④ 거민신분증

⑤ 호구부 복사본

⑥ 여권 복사본

2) 혼인신고서 등의 작성

위 서류들을 받으시면 우선 혼인신고서에서 본인이 작성해야 하는 부분을 작성한 후, 친구나 친척 등에게 부탁하여 혼인신고서 중 증인란을 작성합니다. 그리고 혼인신고서를 포함한 관련 서류 모두를 복사하여 복사본은 별도로 보관하여 둡니다.

3) 번역

원본인 서류들 중 중국어로 된 서류는 번역인을 통하는 등의 방법으로 한국어로 번역합니다. 이때 번역한 자가 번역서에 자신이 번역하였다는 점을 기재하고 서명, 날인을 해야 합니다.

4) 혼인신고

이 서류를 가까운 구청에 가지고 가서 혼인신고를 합니다. 혼인신고를 하면 가족관계등록부에 그 사실이 기재되지 않더라도 신고만으로 법적으로 혼인의 효력이 발생합니다.

구체적으로 만약 일산 동구청에서 혼인신고를 한다면 동구청 1층에 있는 종합민원실에서 혼인신고를 하면 됩니다.

2. 남편을 한국에 데려오는 방법

1) 한국 가족관계등록부의 발부

① 혼인신고를 하면 지역마다 다르겠지만 3일에서 5일, 빠르면 당일 가족관계등록부에 중국 남편의 이름이 배우자로 기재됩니다. 가족관계등록부는 총 5가지의 종류가 있는데, 이 중 '가족관계 증명서' 및 '혼인관계 증명서'를 발급받으시면 됩니다.

② 가족관계등록부는 '민원24'(http://www.minwon.go.kr/)란 사이트에서 프린터기를 통해 발급받거나, 주민센터, 시청, 구청 등 각종 행정관청에서 발급받을 수 있습니다(약 1,000원 소요).

2) 번역 · 공증

발급받은 증명서를 중국어로 번역하고, 법률사무소에 가서 공증을 받습니다. 4)

3) 외교통상부의 인증 등

공증받은 서류를 한국의 외교통상부 인증과 중국대사관의 인증을 받습니다.

4) 남편에게 송부

위와 같이 인증을 받은 서류와 중국에서 보내왔던 거민신분증, 호구

---

4) 공증: 특정한 사실 또는 법률관계의 존재를 공적으로 증명하여 확실하게 하는 행위로 비용은 5만 원 정도가 소요됩니다.

부, 여권 등(제1서류 묶음)을 보냅니다.

5) 사증발급관련서류 송부

위의 제1서류 묶음을 송부할 때 혼인등록 후 사증발급을 위해 필요한 다음의 서류들도 같이 보냅니다.

① 결혼동거목적의 초청장(관련서식란 참고)
② 초청인의 신용정보조회서(전국은행연합회[5] 발행)
③ 본인의 범죄경력증명서: 인근 경찰서 형사과 "종합조회실"에 본인의 주민등록증을 가지고 가면 발급해 줍니다. 그리고 많은 경찰서에서 24시간 당직 근무를 서기 때문에 야간에도 발급이 가능한 경우가 많습니다.
④ 본인의 건강진단서: 대부분의 병원, 보건소에서 발급이 가능하지만 보건소가 비용이 가장 저렴합니다.
⑤ 본인의 재정능력입증서류
• 부동산 등기부등본 또는 임대차 계약서
• 재직증명서 또는 사업자 등록증 사본
• 은행잔고 증명(최근 6개월의 주거래 은행 통장사본, 최근 6개월의 급여통장사본 등)
• 납세사실증빙서류, 차량등록증사본 등
⑥ 국제 전화 통화내역서
⑦ 신원보증서(관련서식란 참고)

6) 혼인등록

중국의 남편은 받은 서류 중 제1서류묶음을 주소지 관할 파출소(민정

---

5) http://www.kfb.or.kr/, 대표전화 02-3705-5000

국)에 제출하여 혼인신고를 합니다. 중국에서 혼인신고는 호구부에서 혼인상황을 미혼 혹은 이혼에서 기혼으로 바꾸는 것을 말합니다.

이때 추가적으로 본인의 호구부 바로 뒷면에 한국인 배우자 ○○○와 ○○○○년 ○○월 ○○일 호구변경을 했다라는 내용을 기재해 줄 것을 요구하거나, 별도로 호구부혼인상황변경기재증명 서류(아래 관련서식에 서식 있음)를 받아두는 것이 나중에 여러 모로 좋으나, 경우에 따라 해주지 않는 경우도 있습니다.

7) 사증(비자, VISA F-2)의 발급

중국에서의 혼인등록이 종료되면 이를 근거로 한국에 대한 결혼비자 (F-2)를 발급받을 수 있습니다.

① 신청인: 본인
② 신청장소: 중국에 있는 대한민국(Republic of Korea 혹은 South Korea) 대사관 또는 영사관
③ 제출서류
• **초청인 측** 결혼동거목적의 초청장, 초청인의 재정관련입증서류 (재직증명서, 부동산등기부등본, 임대차계약서 등), 가족관계증명서, 혼인관계증명서, 신원보증서, 신용정보조회서
• **중국 남편 측** 사증발급신청서, 여권, 거민증 원본, 사본, 호구부 원본, 사본(한국인과 혼인한 사실이 기재된 것), 같이 찍은 사진, 결혼사진 등
• **쌍방 모두** 건강진단서, 범죄경력증명서
• 사증발급인정서제도: 2011. 3. 7. 부로 이 제도는 폐지되었습니다.

• 개괄적인 절차

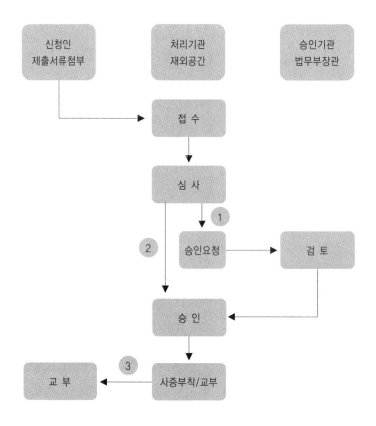

※ 사증은 여권에 스티커, 서류, 스탬프 등의 형태로 발급됩니다.

혼 인 신 고 서
(년 월 일)

※ 뒷면의 작성방법을 읽고 기재하시되, 선택항목은 해당번호에 "○"으로 표시하여 주시기 바랍니다.

구 분			남 편 (부)	아 내 (처)
①혼인당사자〈신고인〉	성명	한글	(성) / (명) ㉑ 또는 서명	(성) / (명) ㉑ 또는 서명
		한자	(성) / (명)	(성) / (명)
	본 (한자)		전화	본 (한자) 전화
	출생연월일			
	주민등록번호		-	-
	등록기준지			
	주소			
②부모〈양부모〉	부 성명			
	주민등록번호		-	-
	등록기준지			
	모 성명			
	주민등록번호		-	-
	등록기준지			
③직전혼인해소일자			년 월 일	년 월 일
④외국방식에 의한 혼인성립일자			년 월 일	
⑤성·본의 협의			자녀의 성·본을 모의 성·본으로 하는 협의를 하였습니까? 예□ 아니오□	
⑥근친혼 여부			혼인당사자들이 8촌이내의 혈족사이에 해당됩니까? 예□ 아니오□	
⑦기타사항				
⑧증인	성 명		㉑ 또는 서명	주민등록번호 -
	주 소			
	성 명		㉑ 또는 서명	주민등록번호 -
	주 소			
⑨동의자	남편	부 성명	㉑ 또는 서명	후견인	성명 ㉑ 또는 서명
		모 성명	㉑ 또는 서명		주민등록번호
	아내	부 성명	㉑ 또는 서명		성명 ㉑ 또는 서명
		모 성명	㉑ 또는 서명		주민등록번호
⑩제출인	성 명			주민등록번호 -

※ 다음은 국가의 인구정책 수립에 필요한 자료로「통계법」제32조 및 제33조에 따라 성실응답 의무가 있으며 개인의 비밀사항이 철저히 보호되므로 사실대로 기입하여 주시기 바랍니다.

⑪실제결혼생활시작일		년 월 일부터 동거	
⑫국적	남편	① 대한민국(출생 시 국적취득) ② 대한민국(귀화등 국적취득, 귀화전국적 :) ③ 외 국 (국가명기입)	처	① 대한민국(출생 시 국적취득) ② 대한민국(귀화등 국적취득, 귀화전국적 :) ③ 외 국 (국가명기입)
⑬혼인종류	남편	①초혼 ②사별 후 재혼 ③이혼 후 재혼	처	①초혼 ②사별 후 재혼 ③이혼 후 재혼
⑭최종졸업학교	남편	①무학 ②초등학교 ③중학교 ④고등학교⑤대학 (교)⑥대학원 이상	처	①무학 ②초등학교 ③중학교 ④고등학교⑤대학 (교)⑥대학원 이상
⑮직 업	남편	*주된 일의 종류와 내용을 기입합니다	처	*주된 일의 종류와 내용을 기입합니다

※ 타인의 서명 또는 인장을 도용하여 허위의 신고서를 제출하거나, 허위신고를 하여 가족관계등록부에 부실의 사실을 기록하게 하는 경우에는 형법에 의하여 5년 이하의 징역 또는 1천만원 이하의 벌금에 처해집니다.

※ 등록기준지 : 각 란의 해당자가 외국인인 경우에는 그 국적을 기재합니다.
※ 주민등록번호 : 각 란의 해당자가 외국인인 경우에는 외국인등록번호(국내거소신고번호 또는 출생연월일)를 기재합니다.
※ ①,②란 및 ⑥,⑦,⑧,⑨,⑩,⑪,⑫,⑬,⑭란은 신고인 모두가 기재하며, 나머지 란(③,④,⑤)은 해당되는 사람만 기재합니다.
※ 주민등록전입신고는 본 가족관계등록신고와는 따로 하여야 합니다.
②란 : 혼인당사자가 양자인 경우 양부모의 인적사항을 기재합니다.
③란 : 이혼 또는 혼인취소가 있었던 사람의 경우 그 일자를 기재합니다.
④란 : 외국방식에 의한 혼인증서등본제출의 경우 혼인성립일을 기재합니다.
⑤란 : 「민법」 제781조제1항의 단서에 따라 자녀의 성·본을 모의 성·본으로 하는 협의가 있는 경우에는 그러한 사실을 표시합니다.
⑥란 : 혼인당사자들이 「민법」 제809조제1항에 따른 근친혼에 해당되지 아니한다는 사실[8촌이내의 혈족(친양자의 입양전의 혈족을 포함한다)]을 표시합니다.
⑦란 : 아래의 사항 및 가족관계등록부에 기록을 분명하게 하는데 특히 필요한 사항을 기재합니다(기재란이 부족한 경우에는 별지를 붙여서 추가 기재할 수 있습니다).
  - 사실상혼인관계확인판결에 의한 혼인신고의 경우에는 판결법원 및 확정일자
⑧란 : 증인은 성년자이어야 합니다.
⑨란 : 미성년자 또는 금치산자가 혼인하는 경우에 동의내용을 기재합니다.
⑩란 : 제출자(신고인 여부 불문)의 성명 및 주민등록번호 기재[접수담당공무원은 신분증과 대조]
⑪란 : 결혼일자와 관계없이 실제 부부가 결혼(동거)생활을 시작한 날을 기입합니다.
⑫란 : 귀화 등 국적취득에는 인지에 의한 국적취득을 포함합니다.
⑭란 : 교육과학기술부장관이 인정하는 모든 정규교육기관을 기준으로 기재하되 각급 학교의 재학 또는 중퇴자는 최종 졸업한 학교의 해당번호에 "○"으로 표시합니다.
  <예시> 대학교 3학년 재학(중퇴) → 고등학교에 ○표시
⑮란 : 결혼할 당시의 직업에 대한 일의 종류와 내용을 사업체 이름과 함께 구체적으로 기재합니다.
  <잘못된 예시> 회사원, 공무원, 사업, 운수업
  <올바른 예시> ○○회사 영업부 판촉사원, 건축목공, ○○구청 건축허가 업무담당, ○○상가에서 의류 판매, 우리 논에서 논농사

※ 아래 1항은 가족관계등록관서에서 전산으로 그 내용을 확인할 수 있는 경우 첨부를 생략합니다.
1. 혼인 당사자의 가족관계등록부의 기본증명서, 혼인관계증명서, 가족관계증명서 각1통.
2. 혼인동의서[미성년자 또는 금치산자의 혼인의 경우 신고서 동의란에 기재하고 서명(또는 날인)한 경우는 예외] 1부.
3. 사실혼관계존재확인의 재판에 의한 혼인신고의 경우 그 재판서의 등본과 확정증명서 각 1부[조정, 화해성립의 경우 조정(화해)조서 및 송달증명서 각 1부].
4. 혼인신고특례법에 의한 혼인의 경우 심판서의 등본 및 확정증명서 1부.
5. 사건본인이 외국인인 경우
  - 한국방식에 의한 혼인의 경우 : 외국인의 혼인성립요건구비증명서(중국인인 경우 미혼증명서) 및 국적을 증명하는 서면(여권 또는 외국인등록증) 원본 각 1부.
  - 외국 방식에 의해 혼인한 경우 : 혼인증서등본 및 국적을 증명하는 서면(여권 또는 외국인등록증) 사본 각 1부.
6. 「민법」 제781조제1항의 단서에 따라 자녀의 성·본을 모의 성·본으로 하는 협의를 한 경우에는 협의사실을 증명하는 혼인당사자의 협의서 1부.
7. 신분확인[가족관계등록예규 제23호에 의함]
  ① 일반적인 혼인신고
    - 신고인이 출석한 경우 : 신고인 모두의 신분증명서
    - 신고인 불출석, 제출인 출석의 경우 : 제출인의 신분증명서 및 신고인 모두의 신분증명서 또는 서명공증 또는 인감증명서(신고인의 신분증명서 없이 신고서에 신고인이 서명한 경우 서명공증, 신고서에 인감 날인한 경우 인감증명)
    - 우편제출의 경우 : 신고인 모두의 서명공증 또는 인감증명서(신고서에 서명한 경우 서명공증, 인감을 날인한 경우는 인감증명서)
  ② 보고적인 혼인신고(증서등본에 의한 혼인신고)
    - 신고인이 출석한 경우 : 신분증명서
    - 제출인이 출석한 경우 : 제출인의 신분증명서
    - 우편제출의 경우 : 신고인의 신분증명서 사본
※ 사실혼관계존재확인의 확정판결에 의한 혼인신고의 경우에는 출석한 신고인(사건본인들 중 일방)의 신분확인으로 불출석한 신고인의 신분확인에 갈음할 수 있습니다.

户口簿婚姻状况变更记载证明

兹证明中国公民_____(身份证编号:_____)的

户口簿上的婚姻状况因与韩国公民_____(出生日

期:____年____月____日)的涉外婚姻, 于____年

____月____日由_____变更为有配偶。

特此证明。

____年____月____日

证明机关 : _____

• 신원보증서 •

신 원 보 증 시

1. 피보증외국인

성	Surname		漢字		성	남
명	Given names				별	여

생 년 월 일	. . .	국 적		여권번호	
대한민국내 주소			전화번호		
체 류 목 적					

2. 신원보증인
   가. 인적사항

성 명			漢字		성 별	남
						여
여 권 번 호 또 는 주 민 등 록 번 호		국 적				
		전화번호				
주 소						
근 무 처						
피보증외국인과 관계		직 위				
근 무 처		비 고				

나. 보증기간
   ○ . . . 부터   . . . 까지
다. 보증내용
   (1) 체류중 제반법규를 준수하도록 한다.
   (2) 출국여비 및 이와 관련된 비용에 대한 지불책임을 부담한다.
   (3) 체류 또는 보호중 발생되는 비용에 대한 지불책임을 부담한다.

   위 신원보증인은 피보증외국인이 대한민국에 체류함에 있어서 그 신원에 이상이 없음을 확인하고
위 사항을 보증합니다.
년   월   일
신원보증인 (서명 또는 인)

23236-08721일   210mm×297mm
99. 1. 22. 승인   (일반용지 60g/㎡)

66

• 결혼 동거 목적의 초청장 •

「국제결혼 안내 프로그램」 이수번호 :

초 청 장
Invitation Letter

1. 초 청 인(Inviter)
    성명 : (한글)   (한자)
    생년월일 :
    주소 :

2. 피 초 청 인(Invitee)
    국적 :
    성명 : (영문)
    생년월일 :
    주소 :

피초청인과의 혼인허가(신고)일자 : (상대국) 20   . . .(한국)   20   . .

본인은 피초청인과 대한민국에서 결혼목적으로 동거하기 위하여 「출입국관리법 시행규칙」 제9조의4에 따라 위와 같이 초청합니다.

년   월   일

                초청인   (서명 또는 인)

국제결혼 배우자 초청사유서

다음 내용을 사실대로 기재하여 주시기 바라며 만일 고의로 기재사항을 누락하거나 기재내용이 사실과 다를 경우 배우자 초청 사증발급 등에 불이익을 받을 수 있음을 일러 드립니다.

1. 교제과정

교 제 동 기	[　]지인소개　　[　]중개업체 소개　[　]기타(　　　　　　　　　　　　)			
상대방을 처음 만난 시기	년　　　　　월　　　　　일경			
국내 혼인신고 일자	년　　　　　월　　　　　일			

☐ 소개자

국적		성명	
주민등록번호 (외국인등록번호)			
주소			
연락처	(자택)	(휴대폰)	
관계		직업　　　　　　　　회사명	

☐ 국제결혼 중개업체

업체명		사업자등록번호	
업체 소재지			
연락처		대표자	
지불비용			

2. 상대국가 방문이력

☐ 초청인(한국인)이 배우자를 만나기 위해 거주 국가를 방문한 횟수

[　]1회	[　]2회	[　]3회 이상	[　]없음

☐ 피초청인(외국인 배우자)이 한국을 방문한 횟수

[　]1회	[　]2회	[　]3회 이상	[　]없음

3. 피초청인(외국인 배우자)의 한국문화 이해 정도 및 한국어 구사 능력

한국문화 이해 정도	[　]높음	[　]중간	[　]낮음
한국어 수준	[　]자유로운 의사소통	[　]초보 수준	[　]전혀 못함

4. 교제경위

5. 입국 후 생활계획서

주거	[　]부모와 동반 거주
	[　]단독 세대 형성
	[　]기타(　　　　　　　)
생활비용	[　]본인이 조달
	[　]외국인 배우자의 국내취업 예정
피초청인 한국어 습득방법	[　]사회통합프로그램 참여
	[　]민간지원센터 등 참여
	[　]기타(　　　　　　　)
자녀 출산계획	[　]1명　　　　　[　]2명　　　　　[　]3명 이상　　　　　[　]무자녀

본인은 상기 내용을 사실과 다름 없이 작성하였음을 확인합니다.

년　　　　월　　　　일

초청인　　　　　　　　　　　　　　　　　

(서명 또는 인)

(앞 쪽)

사증발급신청서 APPLICATION FOR VISA

※ 사증발급인정번호(CONFIRMATION OF VISA ISSUANCE No :   )

사 진 PHOTO 3.5cm×4.5cm	1.성 Surname		3.漢字姓名		4.성별 Gender [ ]M [ ]F
	2.명 Given Names		5.생년월일 Date of Birth		
	6.국적 Nationality		7.출생국가 Country of Birth		
	8.현주소 Home Address				
	9.전화번호 Phone No.		10.휴대전화 Mobile Phone No.		
	11.이메일 E-mail		12.신분증번호 National Identity No.		

여권	13.여권번호 Passport No.	14.여권종류 Classification	外交, 公務, 公務普通, 因私, 其他 DP(外交), OF(官用), OR(一般), OTHERS(其他)
	15.발급지 Place of Issue	16.발급일자 Date of Issue	17.기간만료일 Date Of Expiry

직업	18.직업 Occupation		19.직장전화번호 Business Phone No.
	20.직장명 및 주소 Name and Address of Present Employer		

결혼여부 Marital status	21.[ ]기혼 married [ ]배우자사망 widowed [ ]미혼 Single [ ]이혼 divorced	
	22.배우자 성명 Spouse's Name	23.배우자 생년월일 Spouse's Date of Birth
	24.배우자 국적 Spouse's Nationality	25.배우자 연락처 Spouse's Phone No.

26.입국 목적 Purpose of Entry	27.체류예정기간 Potential Length of Stay
28.입국예정일 Potential Date of Entry	29.방한사실 Previous Visit (If Any)
30.국내체류지 Address in Korea	31.국내전화번호 Phone No. in Korea
32.국내 체류비용 지불자 Who Will Pay For The Expense For Your Stay?	
33.과거 5년간 여행국가 Countries You Have Travelled During The Past 5 Years	

※ Please note that C-series visa holders are not able to change their residential status after entry into Republic of Korea pursuant to the first clause of article 9 of Immigration Regulation

34.동반가족 Accompanying Family	관계 Relationship	국적 Nationality	성명 Name	생년월일 Date of bitrh	성별 Gender
35.국내 보증인 Guarantor or Reference in Korea	관계Relationship	국적 Nationality	성명 Name	생년월일 Date of bitrh	성별 Gender

I declare that the statements made in this application are true and correct to the best of my knowledge and belief, that I will observe the provisions of the Immigration Law of the Republic of Korea and that I will not engage in any activities irrelevant to the purpose of entry stated herein. Besides, I am fully aware that any false or misleading statement may result in the refusal of a visa, and that possession of a visa does not entitle the bearer to enter the Republic of Korea upon arrival at the port of entry if he/she is found inadmissible.

신청일자 DATE OF APPLICATION   신청인 서명 SIGNATURE OF APPLICANT

공용란 FOR OFFICIAL USE ONLY						
기본사항	체류자격		체류기간		사증종류	단수・복수(2회, 3회 이상)
접수사항	접수일자		접수번호		처리과	
허가사항	허가일자		허가번호		고지사항	
결 재	담당자		가 ・ 부	<심사의견>		

수입인지 부착란

210mm×297mm(인쇄용지(2급) 60g/㎡)

✎ 관련기관 주소 및 연락처

의정부지원 고양지법

- 위 지법의 가사합의부, 가사단독에서 사건처리
- 관할구역: 고양시 덕양구, 고양시 일산구, 파주시
- 담당전화: 교환: 031) 920-6114, 031) 920-6500, 6550
  민원: 031) 920-6111, 팩스: 031) 920-6119
- 인터넷 사이트 주소: http://uijeongbu. scourt. go. kr [6]

---

6) 일산동구청: 031) 909-9000 / http://ilsandong. goyang. go. kr/
   일산서구청: 031) 909-9000 (상동) / http://ilsanseo. goyang. go. kr/
   고양시청: 031) 909-9000 (상동) / http://www. goyang. go. kr/
   통일부: 1577-1365 /http://www. unikorea. go. kr/
   외교통상부: 02) 2100-2114 / http://www. mofat. go. kr/
   민원24-http://www. minwon. go. kr/
   출입국·외국인정책본부 (KOREA IMMIGRATION SERVICE)
   국번없이 1345 (FAX: 02) 2650-4550) / http://www. immigration. go. kr

질문

협의에 의한 국제이혼절차

중국인 남편과 국제결혼을 하고 살던 중 서로 성격이 맞지 않아 남편과
이혼하기로 합의를 하였습니다. 어떻게 하면 이혼을 할 수 있나요?

답변

1. 합의에 의한 이혼

협의이혼의사 확인서를 관할 관청에 제출
먼저 관할 법원에서 부부가 협의이혼의사를 확인받은 후, 그중 1인이
라도 위 확인서등본을 첨부하여 관할 가족관계등록(호적) 관서[시(구)·
읍·면사무소]에 이혼신고를 하면 이혼의 효력이 발생합니다.[7]

2. 협의이혼의사 확인방법

가정법원에 신청○, 대리인에 의한 신청X
① 이혼하고자 하는 부부의 등록기준(본적)지 또는 주소지를 관할하
   는 가정법원에 부부가 함께 출석하여 신청합니다.
② 부부의 주소가 각기 다르거나 등록기준(본적)지와 주소가 다른 경

---

7) 협의이혼의사확인신청시 재산관련 서류를 첨부하여 재산분할관계까지 확인
  받을 수는 없습니다.

우에는 그중 편리한 곳에 신청서를 제출하면 됩니다.

③ 변호사 또는 대리인에 의한 신청은 할 수 없습니다.

④ 부부 중 일방이 외국에 있거나 교도소에 수감중인 경우에만 다른 일방이 혼자 출석하여 신청서를 제출할 수 있습니다.

3. 협의이혼의 효과

혼인관계 해소, 자녀에 대한 부모의 의무, 권리 유지, 등록기준지 변경신고 필요.

가정법원의 이혼의사확인을 받아 신고함으로써 혼인관계는 해소됩니다. 이혼 후에도 자녀에 대한 부모의 권리와 의무는 협의이혼과 관계없이 그대로 유지되나 미성년인 자녀(임신 중인 자 포함)가 있는 경우에는 그 자녀의 양육과 친권자결정에 관한 협의서 또는 가정법원의 심판에 따릅니다.

특히, 이혼신고 다음날부터 미성년인 자녀가 성년에 이르기 전날까지의 기간에 해당하는 양육비에 관하여 양육비부담조서가 작성되며, 이혼 후 양육비부담조서에 따른 양육비를 지급하지 않으면 양육비부담조서정본에 가정법원이 부여한 집행문을 첨부하여 강제집행을 할 수 있습니다.

이혼하는 남편과 다른 등록기준지를 사용하기를 원하는 처는 별도의 등록기준지 변경신고를 함께 해야 합니다.

민법

제834조(협의상 이혼) 부부는 협의에 의하여 이혼할 수 있다.

제835조(성년후견과 협의상 이혼) 피성년후견인의 협의상 이혼에 관하여는 제808조 제2항을 준용한다.

제836조(이혼의 성립과 신고방식)

① 협의상 이혼은 가정법원의 확인을 받아 「가족관계의 등록 등에 관한 법률」의 정한 바에 의하여 신고함으로써 그 효력이 생긴다.

② 전항의 신고는 당사자쌍방과 성년자인 증인 2인의 연서한 서면으로 해야 한다.

제836조의2(이혼의 절차)

① 협의상 이혼을 하려는 자는 가정법원이 제공하는 이혼에 관한 안내를 받아야 하고, 가정법원은 필요한 경우 당사자에게 상담에 관하여 전문적인 지식과 경험을 갖춘 전문상담인의 상담을 받을 것을 권고할 수 있다.

② 가정법원에 이혼의사의 확인을 신청한 당사자는 제1항의 안내를 받은 날부터 다음 각 호의 기간이 지난 후에 이혼의사의 확인을 받을 수 있다.

1. 양육해야 할 자(포태 중인 자를 포함한다. 이하 이 조에서 같다)가 있는 경우에는 3개월

2. 제1호에 해당하지 아니하는 경우에는 1개월

③ 가정법원은 폭력으로 인하여 당사자 일방에게 참을 수 없는 고통이 예상되는 등 이혼을 해야 할 급박한 사정이 있는 경우에는 제2항의 기간을 단축 또는 면제할 수 있다.

④ 양육해야 할 자가 있는 경우 당사자는 제837조에 따른 자(子)의 양육과 제909조 제4항에 따른 자(자)의 친권자결정에 관한 협의서 또는 제837조 및 제909조 제4항에 따른 가정법원의 심판정본을 제출해야 한다.

⑤ 가정법원은 당사자가 협의한 양육비부담에 관한 내용을 확인하는 양

육비부담조서를 작성해야 한다. 이 경우 양육비부담조서의 효력에 대하여는 「가사소송법」 제41조를 준용한다. 〈신설 2009. 5. 8〉

제837조(이혼과 자의 양육책임)

① 당사자는 그 자의 양육에 관한 사항을 협의에 의하여 정한다.

② 제1항의 협의는 다음의 사항을 포함해야 한다.

1. 양육자의 결정 2. 양육비용의 부담 3. 면접교섭권의 행사 여부 및 그 방법

③ 제1항에 따른 협의가 자(子)의 복리에 반하는 경우에는 가정법원은 보정을 명하거나 직권으로 그 자(자)의 의사(의사)·연령과 부모의 재산상황, 그 밖의 사정을 참작하여 양육에 필요한 사항을 정한다. 〈개정 2007. 12. 21〉

④ 양육에 관한 사항의 협의가 이루어지지 아니하거나 협의할 수 없는 때는 가정법원은 직권으로 또는 당사자의 청구에 따라 이에 관하여 결정한다. 이 경우 가정법원은 제3항의 사정을 참작해야 한다. 〈신설 2007. 12. 21〉

⑤ 가정법원은 자(子)의 복리를 위해 필요하다고 인정하는 경우에는 부·모·자(자) 및 검사의 청구 또는 직권으로 자(자)의 양육에 관한 사항을 변경하거나 다른 적당한 처분을 할 수 있다. 〈신설 2007. 12. 21〉

⑥ 제3항부터 제5항까지의 규정은 양육에 관한 사항 외에는 부모의 권리의무에 변경을 가져오지 아니한다. 〈신설 2007. 12. 21〉

제837조의2(면접교섭권)

① 자(子)를 직접 양육하지 아니하는 부모의 일방과 자(자)는 상호 면접교섭할 수 있는 권리를 가진다. 〈개정 2007. 12. 21〉

② 가정법원은 자의 복리를 위해 필요한 때는 당사자의 청구 또는 직권에 의하여 면접교섭을 제한하거나 배제할 수 있다. 〈개정 2005. 3. 31〉

제839조(준용규정) 제823조의 규정은 협의상 이혼에 준용한다.

제839조의2(재산분할청구권)

① 협의상 이혼한 자의 일방은 다른 일방에 대하여 재산분할을 청구할 수 있다.

② 제1항의 재산분할에 관하여 협의가 되지 아니하거나 협의할 수 없는 때는 가정법원은 당사자의 청구에 의하여 당사자 쌍방의 협력으로 이룩한 재산의 액수 기타 사정을 참작하여 분할의 액수와 방법을 정한다.

③ 제1항의 재산분할청구권은 이혼한 날부터 2년을 경과한 때는 소멸한다.

절차

1. 협의이혼의 절차

1) 서류준비

협의이혼의사확인신청서, 가족관계증명서, 혼인관계증명서, 주민등록등본, 자녀 양육 및 친권자결정에 관한 협의서 등

① 협의이혼의사확인신청서 1통: 부부가 함께 작성하며, 신청서양식은 법원의 신청서 접수창구에 있습니다.

② 부부 각자의 가족관계증명서, 혼인관계증명서 각 1통: 시(구)·읍·면사무소 또는 동사무소에서 발급받을 수 있습니다.

③ 주민등록등본 1통: 주소지 관할 법원에 이혼의사확인신청을 하는 경우에만 필요합니다.

④ 자녀의 양육과 친권자결정에 관한 협의서 1통과 그 사본 2통 또는 가정법원의 심판정본 및 확정증명서 3통: 미성년인 자녀(임신 중인 자를 포함하되, 법원이 정한 이혼숙려기간 이내에 성년에 도달하는 자녀는 제외)가 있는 부부는 이혼에 관한 안내를 받은 후 그 자녀의 양육과 친권자결정에 관한 협의서 1통과 사본 2통 또는 가정법원의

심판정본 및 확정증명서 3통을 제출하되, 부부가 함께 출석하여 신청하고 이혼에 관한 안내를 받은 경우에는 협의서는 확인기일 1개월 전까지 제출할 수 있고 심판정본 및 확정증명서는 확인기일까지 제출할 수 있습니다. 미제출 또는 제출지연 시 협의이혼확인이 지연되거나 불확인될 수 있습니다. 미성년인 자녀의 양육과 친권자 결정에 관하여 상담위원의 상담을 받은 후 협의서를 작성할 것을 권고합니다.

⑤ 부부 중 일방이 외국에 있으면 재외국민등록부등본 1통이, 교도소에 수감중이면 재감인증명서 1통이 필요하고, 송달료 2회분(구체적인 금액은 접수담당자에게 문의)도 납부해야 합니다.

2) 주소지 관할 가정법원(고양시, 파주시의 경우 고양지법)에 제출

이혼당사자의 등록기준지 또는 주소지를 관할하는 법원에 부부가 함께 출석하여 신청서를 제출해야 합니다.

부부 중 일방이 외국에 있거나 교도소(구치소)에 수감중인 경우에만 다른 일방이 혼자 출석하여 신청서를 제출하고 안내를 받으며, 첨부서류는 신청서 제출 당시에 전부 첨부해야 합니다.

3) 이혼에 관한 안내

법원으로부터 이혼에 관한 안내를 반드시 받아야 하고, 상담위원의 상담을 받을 것을 권고받을 수 있습니다. 특히 미성년인 자녀의 양육과 친권자결정에 관하여 상담위원의 상담을 받은 후 협의서를 작성할 것을 권고합니다.

신청서를 접수한 날부터 3개월이 경과하도록 이혼에 관한 안내를 받지 아니하면 협의이혼의사확인신청은 취하한 것으로 봅니다.

4) 이혼숙려기간의 단축 또는 면제

안내를 받은 날부터 미성년인 자녀(임신 중인 자를 포함)가 있는 경우에는 3개월, 성년 도달 전 1개월 후 3개월 이내 사이의 미성년인 자녀가 있는 경우에는 성년이 된 날, 성년 도달 전 1개월 이내의 미성년인 자녀가 있는 경우 및 그 밖의 경우에는 1개월이 경과한 후에 이혼의사의 확인을 받을 수 있으나, 가정폭력 등 급박한 사정이 있어 위 기간의 단축 또는 면제가 필요한 사유가 있는 경우 이를 소명하여 사유서를 제출할 수 있습니다. 이 경우 특히 상담위원의 상담을 통해 사유서를 제출할 수 있습니다.

사유서 제출 후 7일 이내에 확인기일의 재지정 연락이 없으면 최초에 지정한 확인기일이 유지되며, 이에 대하여는 이의할 수 없습니다.

5) 신청서의 취하

신청서 접수 후에도 이혼의사확인을 받기 전까지 부부 일방 또는 쌍방은 법원에 신청을 취하할 수 있습니다.

6) 협의이혼의사의 확인

반드시 부부가 함께 본인의 신분증(주민등록증, 운전면허증, 공무원증 및 여권 중 하나)과 도장을 가지고 통지받은 확인기일에 법원에 출석해야 합니다.

확인기일을 2회에 걸쳐 불출석한 경우 확인신청을 취하한 것으로 보므로 협의이혼의사확인신청을 다시 해야 합니다.

부부의 이혼의사와 미성년인 자녀가 있는 경우 그 자녀의 양육과 친권자결정에 관한 협의서 또는 가정법원의 심판정본 및 확정증명서가 확인되면 법원에서 부부에게 확인서등본 1통 및 미성년인 자녀가 있는 경우 협의서등본 및 양육비부담조서정본 또는 가정법원의 심판정본 및 확정증명서 1통씩을 교부합니다.

7) 협의이혼의 신고

미성년인 자녀가 있는 경우 이혼신고 시에 협의서등본 또는 심판정본 및 그 확정증명서를 첨부하여 친권자지정 신고를 해야 하며, 임신 중인 자녀는 이혼신고 시가 아니라 그 자녀의 출생신고 시에 협의서등본 또는 심판정본 및 그 확정증명서를 첨부하여 친권자지정 신고를 해야 합니다.

8) 협의이혼의 철회

이혼의사확인을 받고 난 후라도 이혼할 의사가 없는 경우에는 시 (구)·읍·면의 장에게 확인서등본을 첨부하여 이혼의사철회서를 제출하면 됩니다.

이혼신고서가 이혼의사철회서보다 먼저 접수되면 철회서를 제출하였더라도 이혼의 효력이 발생합니다.

[제2호 서식]

협의이혼의사확인신청서

당사자   부   ○○○ (주민등록번호: -   )
          등록기준지:
          주   소:
          전화번호(핸드폰/집전화):
          처   ○○○ (주민등록번호: -   )
          등록기준지:
          주   소:
          전화번호(핸드폰/집전화):

신청의 취지
    위 당사자 사이에는 진의에 따라 서로 이혼하기로 합의하였다.
    위와 같이 이혼의사가 확인되었다.
    라는 확인을 구함.

첨부서류
    1. 남편의 혼인관계증명서와 가족관계증명서 각 1통.
        처의 혼인관계증명서와 가족관계증명서 각 1통.
    2. 미성년자가 있는 경우 양육 및 친권자결정에 관한 협의서 1통과 사본 2통
        또는 가정법원의 심판정본 및 확정증명서 각 3통 (제출___, 미제출___)[1]
    3. 주민등록표등본(주소지 관할법원에 신청하는 경우) 1통.
    4. 진술요지서(재외공관에 접수한 경우) 1통.   끝.

                                    년   월   일

확인기일	담당자
1회 년 월 일 시	법원주사 (보)
2회 년 월 일 시	○○○ ㉑

신청인   부 ○   ○   ○   ㉑
          처 ○   ○   ○   ㉑

확인서등본 및 양육비 부담조서정본 교부	교부일
부 ○○○ ㉑	
처 ○○○ ㉑	

                        ○ ○ 가 정 법 원   귀 중

1) 해당하는 란에 ○ 표기할 것. 협의하는 부부 양쪽이 이혼에 관한 안내를 받은 후에 협의서는 확인기일 1개월 전까지,
   심판정본 및 확정증명서는 확인기일까지 제출할 수 있습니다.
※ 이혼에 관한 안내를 받지 아니한 경우에는 접수한 날부터 3개월이 경과하면 취하한 것으로 봅니다.

자의 양육과 친권자결정에 관한 협의서

사 건 호   협의이혼의사확인신청

당사자   부 성   명
          주민등록번호   -

          모 성   명
          주민등록번호   -

협 의 내 용

1. 친권자 및 양육자의 결정 (□에 ✔표시를 하거나 해당 사항을 기재하십시오).

자녀 이름	성별	생년월일(주민등록번호)	친권자	양육자
	□ 남 □ 여	년 월 일 (-)	□ 부 □ 모 □ 부모공동	□ 부 □ 모 □ 부모공동
	□ 남 □ 여	년 월 일 (-)	□ 부 □ 모 □ 부모공동	□ 부 □ 모 □ 부모공동
	□ 남 □ 여	년 월 일 (-)	□ 부 □ 모 □ 부모공동	□ 부 □ 모 □ 부모공동
	□ 남 □ 여	년 월 일 (-)	□ 부 □ 모 □ 부모공동	□ 부 □ 모 □ 부모공동

2. 양육비용의 부담 (□에 ✔표시를 하거나 해당 사항을 기재하십시오.)

지급인	□ 부 □ 모	지급받는 사람	□ 부 □ 모
지급방식	□ 정기금		□ 일시금
지급액	이혼신고 다음날부터 자녀들이 각 성년에 이르기 전날까지 미성년자 1인당 매월 금 원 (한글병기: 원)		이혼신고 다음날부터 자녀들이 각 성년에 이르기 전날까지의 양육비에 관하여 금 원 (한글병기: 원)
지급일	매월 일		년 월 일
기타			
지급받는 계좌	( ) 은행 예금주 : 계좌번호 :		

3. 면접교섭권의 행사 여부 및 그 방법 (□에 ✓표시를 하거나 해당 사항을 기재하십시오.)

일 자	시 간	인도 장소	면접 장소	기타(면접교섭시 주의사항)
□ 매월 _____째 주 _____요일	시 분부터 시 분까지			
□ 매주 _____요일	시 분부터 시 분까지			
□ 기타				

첨 부 서 류

1. 근로소득세 원천징수영수증, 사업자등록증 및 사업사소득금액 증명원 등 소득금액을 증명하기 위한 자료 - 부, 모별로 각 1통
2. 위 1항의 소명자료를 첨부할 수 없는 경우에는 부·모 소유 부동산등기부등본 또는 부·모 명의의 임대차계약서, 재산세 납세영수증(증명)
3. 위자료나 재산분할에 관한 합의서가 있는 경우 그 합의서 사본 1통
4. 자의 양육과 친권자결정에 관한 협의서 사본 2통

협의일자 :   년   월   일

부 :   (인/서명)   모 :   (인/서명)

○ ○ 가정(지방)법원	판사 확인인
확인일자 . . .	

82

이혼숙려기간 면제(단축) 사유서

20   호   협의이혼의사확인신청

    당사자   ○ ○ ○ (주민등록번호   -   )
    주 소

위 사건에 관하여 20 . . . :   로 이혼의사 확인기일이 지정되었으나 다음과 같은 사유로 이혼의사 확인까지 필요한 기간을 면제(단축)하여 주시기 바랍니다.

다 음

사유 : 1. 가정 폭력으로 인하여 당사자 일방에게 참을 수 없는 고통이 예상됨 ( )
     2. 일방이 해외장기체류를 목적으로 즉시 출국하여야 하는 사정이 있음 ( )
     3. 쌍방 또는 일방이 재외국민이므로 이혼의사확인에 장기간 소요되는 경우 ( )
     4. 신청 당시 1년 이내에 이혼의사확인신청을 하여 「민법」 제836조의2제2항의 기간 경과 후 이혼의사 불확인을 받은 사정이 있는 경우 ( )
     5. 기타 (상세히 적을 것)

첨 부 서 류

1.

             20 .   .   .

    위 당사자   (날인 또는 서명)
    (연락처 :   )
    (상대 배우자 연락처 :   )

○○지방법원 귀중

◇유의사항◇

※ 연락처란에는 언제든지 연락 가능한 전화번호나 휴대전화번호를 기재하고, 그 밖에 팩스번호, 이메일 주소 등이 있으면 함께 기재하기 바랍니다.

자의 양육과 친권자결정에 관한 내용

① 미성년인 자녀(임신 중인 자를 포함하되, 이혼에 관한 안내를 받은 날부터 3개월 또는 법원이 별도로 정한 기간 내에 성년이 되는 자는 제외)가 있는 부부가 협의이혼을 할 때는 자녀의 양육과 친권자결정에 관한 협의서를 확인기일 1개월 전까지 제출해야 합니다.

② 이혼의사확인신청 후 양육과 친권자결정에 관한 협의가 원활하게 이루어지지 않는 경우에는 신속하게 가정법원에 그 심판을 청구해야 합니다.

③ 확인기일까지 협의서를 제출하지 아니한 경우 이혼의사확인이 지연되거나 불확인 처리될 수 있고, 협의한 내용이 자녀의 복리에 반하는 경우 가정법원은 보정을 명할 수 있으며 보정에 응하지 않는 경우 불확인 처리됩니다.

④ 이혼신고일 다음날부터 미성년인 자녀들이 각 성년에 이르기 전날까지의 기간에 해당하는 양육비에 관하여는 양육비부담조서가 작성되며, 이혼 후 양육비부담조서에 따른 양육비를 지급하지 않으면 양육비부담조서에 의하여 강제집행할 수 있습니다. 그 외 협의사항은 '별도의 재판절차'를 통해 과태료, 감치 등의 제재를 받을 수 있고, 강제집행을 할 수 있습니다.

◢ 관련기관 주소 및 연락처

의정부지원 고양지법
- 위 지법의 가사합의부, 가사단독에서 사건처리
- 관할구역: 고양시 덕양구, 고양시 일산구, 파주시
- 담당전화: 교환: 031) 920-6114, 031) 920-6500, 6550
          민원: 031) 920-6111, 팩스: 031) 920-6119
- 인터넷 사이트 주소 : http://uijeongbu. scourt. go. kr

재판에 의한 국제이혼절차

중국인 남편을 만나 한국에서 혼인신고를 하였습니다. 그런데 중국인 남편이 저를 상습적으로 폭행하고, 돈도 벌어오지 않으면서 가사활동도 전혀 하지 않고 있습니다. 더욱이 수년 전에 가출한 후 연락도 안 되는 상태입니다. 어떻게 해야 이혼할 수 있을까요?

답변

한국에서 혼인신고를 했고, 중국인 남편이 현재 한국에 있는 이상 한국법의 절차에 따른 재판상 이혼청구가 가능하고, 남편의 계속적인 폭행, 가정에 심각하게 소홀한 점, 나아가 가출한 경우 개개의 사유가 모두 재판상 이혼이 가능한 사유입니다. 따라서 주소지 가정법원에 재판상 이혼청구를 하면 됩니다.

관련법률

민법

제840조(재판상 이혼원인)
부부의 일방은 다음 각호의 사유가 있는 경우에는 가정법원에 이혼을 청구할 수 있다. 〈개정 1990. 1. 13〉
1. 배우자에 부정한 행위가 있었을 때

2. 배우자가 악의로 다른 일방을 유기한 때

3. 배우자 또는 그 직계존속으로부터 심히 부당한 대우를 받았을 때

4. 자기의 직계존속이 배우자로부터 심히 부당한 대우를 받았을 때

5. 배우자의 생사가 3년 이상 분명하지 아니한 때

6. 기타 혼인을 계속하기 어려운 중대한 사유가 있을 때

제 841조(부정으로 인한 이혼청구권의 소멸)

전조 제 1호의 사유는 다른 일방이 사전동의나 사후용서를 한 때 또는 이를 안 날로부터 6월, 그 사유 있은 날로부터 2년을 경과한 때는 이혼을 청구하지 못한다.

제 842조(기타 원인으로 인한 이혼청구권의 소멸)

제 840조 제 6호의 사유는 다른 일방이 이를 안 날로부터 6월, 그 사유 있은 날로부터 2년을 경과하면 이혼을 청구하지 못한다.

제 843조(준용규정) 제 806조, 제 837조, 제 837조의2 및 제 839조의2의 규정은 재판상 이혼의 경우에 준용한다. 〈개정 1990. 1. 13〉

절차

가사소송의 일반적인 절차와 동일합니다.

1) 관련서류
- 소장
- 가족관계증명서(원·피고)
- 주민등록등본(원·피고)
- 혼인관계증명서(원·피고)
- 원고와 피고 사이의 미성년 자녀가 있는 경우 그 자녀 각자의 기본
  증명서, 가족관계증명서

2) 인지액(법원에 대한 절차 비용): 2만 원

3) 송달료(원·피고간 서류 송달): 72,480원(12회분X2)

상대방이 가출한 경우 공시송달이라는 특수한 절차에 의해 절차 진행 가능

4) 관할법원

쌍방 당사자 주소지 중 아무 곳이나 가능

✎ 관련기관 주소 및 연락처

의정부지원 고양지법

• 위 지법의 가사합의부, 가사단독에서 사건처리

• 관할구역: 고양시 덕양구, 고양시 일산구, 파주시

• 담당전화: 교환: 031) 920-6114, 031) 920-6500, 6550

　　　　　　 민원: 031) 920-6111, 팩스: 031) 920-6119

• 인터넷 사이트 주소: http://uijeongbu. scourt. go. kr

소 장

원   고   김순이 (600000-2000000)

등록기준지:

주소:

피   고   박철수 (600000-1000000)

등록기준지:

주소:

청구취지

1. 원고와 피고는 이혼한다.
2. 소송비용은 피고의 부담으로 한다.

라는 판결을 구합니다.

청구원인

1. 이혼사유

가. 원고와 피고는 1983. 4. 11. 혼인신고한 법률상의 부부입니다. 그리고 (만 19세) 와 (만 17세) 두 남매를 두고 있습니다.

나. 원고와 피고는 결혼 후 경기도 고양시에서 5년 정도만 동거생활을 하였을 뿐이고, 원고는 피고의 폭행과 포악한 성격을 피해 1986년경 가출한 이후 지금까지 별거중이며 서로의 생사에 대하여는 잘 모릅니다.

다. 피고와의 결혼생활을 보면 피고는 수시로 술을 마셨을 뿐만 아니라 술을 마시면 성격이 포악해져 구타하는 일이 많았습니다. 욕설도 잘하였고 무엇보다 가장으로서 가정에 대한 책임의식은 거의 없었습니다.

라. 그러다가 1986. 피고의 구타와 폭행을 피해 두 아이들을 데리고 뛰쳐나오
듯 집을 나오기 전 피고는 의형제를 맺은 동생이라며 성명불상의 여자를 집에
데리고 온 바 있고 ㄱ 이후의 피고 생활에 대하여는 잘 모릅니다.
마. 두 남매는 원고가 키워왔으며 큰 아이는 최근 소외 ○○○와 혼인하게 되어
출가했으며 둘째아이는 현재 경기도 고양시에서 생활하고 있습니다.

2. 결어
원고는 정말 피고의 포악한 성격, 즉 술을 마시면 수시로 폭행을 하고 "다 죽인
다"는 공포 속에서 결혼생활을 하다가 별거한 것으로, 그동안 피고가 무서워서
피해서 지내온 것입니다.
따라서 귀 재판부에서는 현재까지 피고와 별거해온 점을 감안하여 원고의 청구
를 인용하여 주시기 바랍니다.

첨부서류

1. 소장부본 1통
1. 송달납부서 1통
1. 호적등본 1통
1. 주민등록등본 각 1통

2011.   7.   .

위 원고

의정부지방법원 고양지원귀중

대한민국 국적을 취득하기 위한 방법

1. 출생에 의한 방법

	요 건
원칙(속인주의)	부모 중 한 명이라도 한국인
예외(속지주의)	① 부모가 모두 무국적자 + 한국에서 출생 ② 부모가 누구인지 모름 + 한국에서 출생 ③ 부모에게서 버려짐 + 한국에서 발견

기타: 인지에 의한 국적 취득
[제 3조(인지에 의한 국적 취득)] ① 대한민국의 국민이 아닌 자(이하 "외국인"이라 한다)로서 대한민국의 국민인 부 또는 모에 의하여 인지(인지)된 자가 다음 각 호의 요건을 모두 갖추면 법무부장관에게 신고함으로써 대한민국 국적을 취득할 수 있다.
1. 대한민국의 「민법」 상 미성년일 것/ 2. 출생 당시에 부 또는 모가 대한민국의 국민이었을 것]

2. 귀화에 의한 방법

주 체			요 건	
			거주기간요건	기타요건
원칙	일반귀화	일반 외국인	① 5년 이상 계속 대한민국에 주소	하동(下同)
예외	간이귀화	**1유형** 부모 중 한 명이라도 한국국민**이었던** 자	① 3년 이상 계속 대한민국에 주소	② 성년 ③ 품행단정 ④ 생계능력 ⑤ 기본소양
		한국에서 출생한 자 + 부모 중 한 명이라도 한국에서 출생		
		한국인의 양자(養子) + 성년자		
		2유형 배우자가 한국인 — 배우자와 혼인한 지 3년 미만	① 2년 이상 한국인배우자와 혼인상태 + 한국거주	
		배우자와 혼인한 지 3년 경과	① 1년 이상 한국인배우자와 혼인상태 + 한국거주	
		기타: 자녀가 있음에도 이혼한 경우 등		

예외	특별귀화	부모 중 한 명이라도 한국국민인 자	① 품행단정 ② 국민으로서 기본 소양
		한국에 특별한 공로 있는 자(예: 히딩크)	
		과학, 체육 등 특수능력+ 한국에 기여기대	
	자녀수반취득	외국인인 부 또는 모 귀화허가 + 그 미성년인 자(子)	그 미성년자는 부 또는 모의 귀화허가 신청시 별도의 요건 없이 함께 국적 취득을 신청할 수 있고, 그 부모의 국적취득이 인정되는 경우, 그 자의 국적취득 역시 인정된다.
	국적회복에 의한 취득	대한민국 국민이었던 외국인	① 국가, 사회에 위해(危害)를 끼친 사실 없을 것 ② 품행 단정 ③ 병역기피목적 한국국적 상실, 이탈자가 아닐 것 ④ 국가안전보장·질서유지 또는 공공복리를 위해 법무부장관이 국적회복을 허가하는 것이 적당하지 아니하다고 인정하는 자

3. 대한민국의 외국 국적 포기 의무 및 복수국적자의 경우

	대한민국 국적 취득 형태	의 무
원칙	대한민국 국적 취득으로 인해 이중국적자가 된 경우	대한민국 국적 취득 후 1년 내에 외국 국적 포기
예외 (이중 국적 인정)	간이귀하 제2유형, 특별귀화, 국적회복에 의한 취득	외국 국적을 행사 하지 아니하겠다는 뜻을 법무부장관에 게 서약(이하 '국적이 탈신고'라고 한다.)
	국적회복에 의한 국적취득자 중 ① 성년이 되기 전에 외국인에게 입양된 후 외국 국적을 취득 하고 외국에서 계속 거주하다가 국적회복허가를 받은 자. ② 외국에서 거주하다가 영주할 목적으로 만 65세 이후에 입국하여 국적회복허가를 받은 자 ③ 본인의 뜻에도 불구하고 외국의 법률 및 제도로 인하여 1년 내에 외국 국적을 포기하기 어려운 자	
	직계존속(直系尊屬)이 외국에서 영주(영주)할 목적 없이 체류 한 상태에서 출생한 자로 ① 현역·상근예비역 또는 보충역으 로 복무를 마치거나 마친 것으로 보게 되는 경우 또는 ② 제2 국민역에 편입된 경우 또는 ③ 병역면제처분을 받은 경우	

4. 대한민국에서의 복수국적자의 지위

대한민국의 법령 적용에서 대한민국 국민으로**만** 처벌

복수국적자가 관계 법령에 따라 외국 국적을 보유한 상태에서 직무를 수행할 수 없는 분야에 종사하려는 경우에는 외국 국적을 포기해야 함.

• 국적선택의무의 이행 기간

	지 위	의 무
원칙	만 20세가 되기 전에 복수국적자가 된 자	만 22세가 되기 전까지 한국국적과 외국국적 중 하나를 선택해야 한다.
	만 20세가 된 후에 복수국적자가 된 자	그로부터 2년이 되기 전까지 한국국적과 외국국적 중 하나를 선택해야 한다.
예외	제1국민역(제일국민역)에 편입된 자8)	제1국민역에 편입된 때부터 3개월 이내에 하나의 국적을 선택해야 한다.
	목차 제2항에 의해 예외적으로 이중국적이 인정된 경우로 국적이탈신고를 한 자	국적선택의무 면제

---

8) 병역법 제8조(제1국민역 편입) 대한민국 국민인 남자는 18세부터 제1국민역에 편입된다.

병역법 제5조(병역의 종류) ① 병역은 다음 각 호와 같이 구분한다. 4. 제1국민역: 병역의무자로서 현역·예비역·보충역 또는 제2국민역이 아닌 사람 5. 제2국민역: 징병검사 또는 신체검사 결과 현역 또는 보충역 복무는 할 수 없으나 전시근로소집에 의한 군사지원업무는 감당할 수 있다고 결정된 사람과 그 밖에 이 법에 따라 제2국민역에 편입된 사람

질 문

북한에 있는 배우자와의 이혼절차

북한에 있는 남편과 이혼하려면 어떤 절차를 밟아야 합니까?

답변

북한에 있는 배우자와 이혼하려면 법원에 이혼을 청구하여 법원의 심판을 받아 이혼을 해야 합니다. 보통 남한에서 배우자와 이혼을 하는 방법에는 재판을 통한 이혼 외에도 당사자간의 협의에 의한 이혼이 있지만 북한에 배우자가 있는 경우에는 연락이 사실상 불가능하므로 재판에 의한 이혼만이 가능합니다.

일단 북한에 있는 배우자와의 재판상 이혼을 청구할 수 있는 법원은 서울가정법원(2, 3호선 교대역)밖에 없다는 사실을 알아두시기 바랍니다.

관련법률

북한이탈주민의 보호 및 정착지원에 관한 법률

제19조(가족관계 등록 창설의 특례)

① 통일부장관은 보호대상자로서 군사분계선 이남지역(이하 "남한"이라 한다)에 가족관계 등록이 되어 있지 아니한 사람에 대하여는 본인의 의사에 따라 등록기준지를 정하여 서울가정법원에 가족관계 등록 창설허가 신청서를 제출해야 한다.

94

② 제1항의 가족관계 등록 창설허가 신청서에는 제12조 제1항에 따라 작성된 보호대상자의 등록대장 등본과 가족관계등록부의 기록방법에 준하여 작성한 신분표를 붙여야 한다.

③ 서울가정법원은 제1항에 따라 가족관계 등록 창설허가 신청서를 받은 때는 지체 없이 허가 여부를 결정하고, 가족관계 등록 창설허가를 한 때는 해당 등록기준지의 시(구를 두지 아니한 시를 말한다. 이하 이 조에서 같다)·구·읍·면의 장에게 가족관계 등록 창설허가 등본을 송부해야 한다.

④ 시·구·읍·면의 장은 제3항에 따른 가족관계 등록 창설허가 등본을 받은 때는 지체 없이 가족관계등록부를 작성해야 하고, 주소지 시장(특별시장·광역시장은 제외한다. 이하 같다)·군수·구청장(자치구의 구청장을 말한다. 이하 같다) 또는 특별자치도지사에게 가족관계 기록사항에 관한 증명서를 첨부하여 가족관계 등록 신고사항을 통보해야 한다.

제19조의 2(이혼의 특례)
① 제19조에 따라 가족관계 등록을 창설한 사람 중 북한에 배우자를 둔 사람은 그 배우자가 남한에 거주하는지 불명확한 경우 이혼을 청구할 수 있다.

② 제19조에 따라 가족관계 등록을 창설한 사람의 가족관계등록부에 배우자로 기록된 사람은 재판상 이혼의 당사자가 될 수 있다.

③ 제1항에 따라 이혼을 청구하려는 사람은 배우자가 보호대상자에 해당하지 아니함을 증명하는 통일부장관의 서면을 첨부하여 서울가정법원에 재판상 이혼청구를 해야 한다.

④ 서울가정법원이 제2항에 따른 재판상 이혼의 당사자에게 송달을 할 때는 「민사소송법」 제195조에 따른 공시송달(공시송달)로 할 수 있다. 이 경우 첫 공시송달은 실시한 날부터 2개월이 지나야 효력이 생긴다. 다만, 같은 당사자에게 첫 공시송달 후에 하는 공시송달은 실시한 다음 날부터 효력이 생긴다.

⑤ 제4항의 기간은 줄일 수 없다.

절차

1. 일단 혼인관계증명서 2통과 주민등록등본 2통, 가족관계증명서 2통 그리고 신분증을 지참하여 통일부 정착지원과(5호선 광화문역 정부종합청사 정착지원팀, 02-2100-5992)를 방문하세요.

2. '배우자의 보호결정 여부 확인서'를 발급받으세요. 단, 이 서류는 하나원 퇴소일로부터 6월이 경과한 분들에 한해서 발급해 드립니다.

3. '배우자의 보호결정 여부 확인서'와 주민등록등본 1통, 가족관계등록부 1통, 그리고 소장과 진술서를 작성하여 법원에 제출하시면 됩니다. 법원에 접수 후 대략 3~4개월 후에 판결이 나온다고 합니다.

4. 법원에 재판을 청구하기 위해서는 비용을 지불해야 합니다. 송달료 72,000원과 인지대 20,000원이 필요한데, 송달료는 재판을 진행하면서 법원이 서류 등을 보낼 때 필요한 비용입니다. 인지대는 재판을 진행하는 비용입니다.

5. 재판 도중 이사를 한 경우에는 법원에 이사를 했으니 이사한 주소로 서류를 보내달라는 주소보정 서류를 제출해야 합니다. 만약 이사를 했는데도 주소보정 서류를 제출하지 않아 재판 관련 서류들이 이사하기 전의 집으로 송달되어 서류를 받아보지 못하는 경우 재판에서 불이익을 받을 수 있으니 반드시 주소보정 서류를 제출해야 합니다.

6. 재판진행 상황을 확인하고 싶을 때는 대법원 홈페이지(www.scourt.go.kr)에 들어가 오른쪽에 '나의 사건검색'에서 자신의 사건번호를 넣으면 현재 자신의 재판상황을 알 수 있습니다.

질문

협의이혼하는 방법

남한에 와서 혼인을 하였습니다. 남편은 가정생활을 돌보지 않고 경제개념이 없어서 계속 빚만 지고 있습니다. 어떤 절차를 밟아 이혼할 수 있나요?

답변

1. 남편이 이혼에 동의하는 경우

남편이 이혼에 동의하는 경우라면 협의이혼 절차를 밟아 이혼할 수 있습니다. 가족관계등록부 1통, 주민등록등본 1통, 이혼신고서 3통, 협의이혼 의사확인신청서 1통과 각자의 주민등록증과 도장을 가지고 자신이 살고 있는 지역의 가정법원에 제출하면 법원이 이혼에 관한 안내를 해줍니다.

단, 무분별한 이혼을 방지하기 위해 부부 사이에 자녀가 있는 경우(임신 중인 경우 포함)에는 3개월, 그렇지 않은 경우 1개월의 숙려기간을 거친 후에 법원으로부터 이혼의사의 확인을 받을 수 있습니다. 그러나 배우자의 폭행 등으로부터 벗어나기 위해 위 기간 동안 기다릴 수 없다면 법원의 결정에 의해 위 기간이 단축되거나 면제될 수 있습니다.

법원으로부터 확인서를 발급받았다면 그 확인서 등본과 가족관계등록부를 가지고 자신이 살고 있는 시, 군, 구청에 3월 내에 이혼신고를 해야 합니다.

2. 남편이 이혼에 동의하지 않는 경우

이 경우 재판상 이혼을 청구할 수 있습니다. 북한에 남겨진 배우자와 이혼을 청구할 때와 같은 방법으로 그 서류들을 가지고 자신이 살고 있는 해당 법원에 가서 이혼을 청구해야 합니다.

재판상 이혼의 경우에는 협의이혼의 경우와 다르게 이혼사유가 있어야 합니다. 민법 제840조의 각 규정들을 잘 살펴본 후, 자신이 이혼을 원하는 사유가 맞는 법조문을 확인한 후 그에 맞추어 이혼 소장을 작성하면 됩니다. 단, 일부 사유의 경우에는 이혼을 청구할 수 있는 기간에 제한이 있기 때문에 잘 확인한 후 소장을 작성해야 합니다. 기타 방법은 위에서 서술한 북한에 남아있는 배우자와의 이혼재판과 동일합니다.

재판상 이혼의 경우에는 이혼에 따른 위자료와 재산분할을 청구할 수 있으니 주의하시기 바랍니다. 결혼생활 중 함께 모은 재산은 명의가 누구의 것으로 되어있던지 그 분할을 청구할 수 있습니다. 단 재산분할은 이혼 후 2년이 넘으면 할 수 없으므로 될 수 있는 대로 이혼청구와 동시에 재산분할청구를 하시기 바랍니다. 그 이외에도 결혼생활 중 입은 정신적 손해에 대한 배상으로 위자료청구를 할 수 있습니다. 재산분할과는 별개의 것이기 때문에 따로 청구하시기 바랍니다.

관련법률

민법

제836조의2(이혼의 절차)-협의이혼의 경우
① 협의상 이혼을 하려는 자는 가정법원이 제공하는 이혼에 관한 안내를 받아야 하고, 가정법원은 필요한 경우 당사자에게 상담에 관하여 전문적인 지식과 경험을 갖춘 전문상담인의 상담을 받을 것을 권고할 수 있다.

② 가정법원에 이혼의사의 확인을 신청한 당사자는 제1항의 안내를 받은 날부터 다음 각 호의 기간이 지난 후에 이혼의사의 확인을 받을 수 있다.

1. 양육해야 할 자(포태 중인 자를 포함한다. 이하 이 조에서 같다)가 있는 경우에는 3개월

2. 제1호에 해당하지 아니하는 경우에는 1개월

③ 가정법원은 폭력으로 인하여 당사자 일방에게 참을 수 없는 고통이 예상되는 등 이혼을 해야 할 급박한 사정이 있는 경우에는 제2항의 기간을 단축 또는 면제할 수 있다.

④ 양육해야 할 자가 있는 경우 당사자는 제837조에 따른 자(子)의 양육과 제909조 제4항에 따른 자(子)의 친권자결정에 관한 협의서 또는 제837조 및 제909조 제4항에 따른 가정법원의 심판정본을 제출해야 한다.

⑤ 가정법원은 당사자가 협의한 양육비부담에 관한 내용을 확인하는 양육비부담조서를 작성해야 한다. 이 경우 양육비부담조서의 효력에 대하여는 「가사소송법」 제41조를 준용한다. 〈신설 2009. 5. 8〉

제840조(재판상 이혼원인)

부부의 일방은 다음 각호의 사유가 있는 경우에는 가정법원에 이혼을 청구할 수 있다.

1. 배우자에 부정한 행위가 있었을 때

2. 배우자가 악의로 다른 일방을 유기한 때

3. 배우자 또는 그 직계존속으로부터 심히 부당한 대우를 받았을 때

4. 자기의 직계존속이 배우자로부터 심히 부당한 대우를 받았을 때

5. 배우자의 생사가 3년 이상 분명하지 아니한 때

6. 기타 혼인을 계속하기 어려운 중대한 사유가 있을 때

제841조(부정으로 인한 이혼청구권의 소멸)

전조 제1호의 사유는 다른 일방이 사전동의나 사후용서를 한 때 또는 이를 안 날로부터 6월, 그 사유 있은 날로부터 2년을 경과한 때는 이혼을 청구하지 못한다.

제842조(기타 원인으로 인한 이혼청구권의 소멸)
제840조 제6호의 사유는 다른 일방이 이를 안 날로부터 6월, 그 사유 있은 날로부터 2년을 경과하면 이혼을 청구하지 못한다.

중국에서 자녀 입국시키는 방법

중국에서 아이를 데리고 오려면 어떻게 해야 합니까?

답변

1. 엄마가 북한에서 혼인한 후 탈북하여 중국에서 다른 남자와의 사이에 아이를 낳았는데 북한에 있는 남편의 아이로 신분등록부에 올린 경우

이 경우 아이는 북한에 있는 배우자의 자녀로 추정됩니다. 추정된다는 의미는 지금 현재는 북한에 있는 배우자의 아이로 보지만 다른 증거를 통해 이를 뒤집을 수 있다는 의미입니다.

이때 아이를 엄마의 가족관계등록부에 올리기 위해서는 우선 법원에 친생자관계부존재확인의 소를 제기하여 법원의 판결을 받아야 합니다. 이 소는 북한에 있는 배우자와 아이는 친자관계가 아니라는 확인을 받는 소송입니다. 소송을 할 때는 사정을 잘 아는 증인들의 진술서, 병원확인서, 유전자감식 결과 등을 증거로 제출하면 소송을 유리하게 이끌 수 있습니다.

이후 법원에서 부존재 확인판결을 받으면 그 판결문을 가지고 가까운 시, 구, 군 주민센터를 방문하여 가족관계등록부정정신청을 하면 아이를 엄마의 가족관계등록부에 올릴 수 있게 됩니다.

주의해야 할 점은, 아직 아이는 우리나라의 국적을 취득한 상태가 아니기 때문에 아이를 엄마의 가족관계등록부에 올리려면 아이의 국적을 취득시켜야 합니다. 이때, 아이의 생년월일이 1998년 6월 14일 이전인 경우에는 법무부에 특별귀화신청을 해야 하며, 그 이후인 경우에는 살고 있는 곳의 주민센터에 아이의 출생을 증명하는 서류나 인우보증인의 진술서를 가지고 방문하면 됩니다.

2. 엄마가 북한에서 혼인하고 이혼하기 전에 태어난 경우

이 경우 역시 아이는 북한에 있는 배우자의 자녀로 추정되므로 위에서 본 바와 같이 친생자관계부존재확인의 소를 제기하여 그 판결을 가지고 가족관계등록부정정신청을 하면 됩니다.

3. 엄마가 북한에서 혼인하지 않은 상태에서 아이가 태어난 경우

이 경우 아이의 아버지가 문서에 기록되지 않은 상황이므로 친생자관계부존재확인의 소를 거칠 필요 없이 엄마의 가족관계등록부에 아이를 올릴 수 있습니다. 위에서 본 바와 같이 아이의 출생을 증명할 수 있는 서류나 인우보증인의 진술서를 가지고 가까운 주민센터를 방문하면 아이를 엄마의 가족관계등록부에 올릴 수 있습니다.

4. 중국에서 아이의 호구를 만든 경우

이 경우 아이의 호구에 부모가 있는 것으로 되어 있으므로 이를 바꾸기 위해서는 일단 여행비자 등으로 한국에 입국하여 출생신고(또는 특별귀화) 절차를 밟거나 입양의 방법으로 아이를 데려오는 게 현실적입니다. 입양신고 역시 아래 첨부한 내용과 같은 서류를 가지고 가까운 주민센터를 방문하여 입양신고를 하면 됩니다.

관련법률

국적법

제7조[특별귀화 요건]
① 다음 각 호의 어느 하나에 해당하는 외국인으로서 대한민국에 주소가 있는 자는 제5조 제1호·제2호 또는 제4호의 요건을 갖추지 아니하여도 귀화허가를 받을 수 있다.
1. 부 또는 모가 대한민국의 국민인 자. 다만, 양자로서 대한민국의 「민법」상 성년이 된 후에 입양된 자는 제외한다.
2. 대한민국에 특별한 공로가 있는 자
② 법무부장관은 제1항 제2호에 해당하는 자에게 귀화를 허가하려면 대통령의 승인을 받아야 한다.

가족관계의 등록 등에 관한 법률

제61조(입양신고의 기재사항) 입양의 신고서에는 다음 사항을 기재해야 한다.
1. 당사자의 성명·본·출생연월일·주민등록번호·등록기준지(당사자가 외국인인 때는 그 성명·출생연월일·국적) 및 양자의 성별

2. 양자의 친생부모의 성명·주민등록번호 및 등록기준지

제62조(입양의 신고)

① 양자가 15세 미만인 때는 「민법」 제869조에 따라 입양을 승낙한 법정대리인이 신고해야 한다. 다만, 후견인이 입양을 승낙한 때는 가정법원의 허가서를 첨부해야 한다.

② 「민법」 제871조에 따라 후견인이 입양의 동의를 한 때는 후견인의 동의서 및 가정법원의 허가서를 첨부해야 한다.

③ 후견인이 피후견인을 양자로 하는 경우에는 가정법원의 허가서를 첨부해야 한다.

절차

1. 귀화허가자의 자녀(나이 및 혼인 여부 불문)에 대해서는 국내 거주기간에 관계없이 특별귀화허가 신청이 가능합니다.

2. 귀화 신청시 제출서류: 심사 과정에서 필요하다고 인정하는 때는 제출서류를 가감할 수 있습니다.

   ① 귀화허가신청서

   ② 신청서 작성 후 첫 장 사본 1부 제출

   ③ 귀화진술서

   ④ 신원진술서 1부 작성, 1부 복사(사진부착)

   ⑤ 여권 사본 1부

   ⑥ 중국 호구부 사본(전체 복사): 원본 제시

   ⑦ 혼인귀화자(父 또는 母)의 가족관계증명서, 기본증명서, 주민등록증 사본

   ⑧ 귀화허가자의 자녀라는 점을 입증할 수 있는 서류

   • 외교부 인증을 받은 중국의 친자관계 공증서

- 친자관계를 증명할 수 있는 정부발행 공적 서류
  (중국의 경우 호구부, 기타 국가의 경우 해당국가 가족관계증명서 등)
- 공인의료기관 발행의 유전자감정서
  - 의료기관 개설신고필증
  - 감정서에는 검사대상물(혈액, 모근 등) 채취일시 및 채취자 표기
  - 보건복지부장관에게 신고된 기관 가능(검사기관 신고필증 제출)
- 기타 귀화 신청자가 어릴 때 부모와 함께 찍은 사진, 출생증명서 등

※ 친자관계를 증명할 수 있는 정부발행 공적 서류 또는 공인의료기관
  발행의 유전자감정서는 택일 가능

⑨ 귀화신청자의 부모, 배우자, 자녀, 혼인 또는 미혼, 입양 등의 신
  분사항에 관한 소명자료 각 1부

⑩ 귀화신청자가 조선족인 경우 성명을 원지음이 아닌 한국식 발음으
  로 기재할 때 조선족임을 소명하는 중화인민공화국 발행의 공문서

⑪ 귀화신청자가 출생월일을 새로이 특정할 경우 이를 소명하는 원국
  적 대사관 또는 영사관에서 발급한 증명서

⑫ 통보서(대법원에 통보할 자필 통보서)

3. 신청자가 미성년(만 20세 미만)의 자녀의 경우 추가 제출서류
  ① 친권이 외국의 전 남편에게 있는 경우, 친부(親父)의 친권포기각
    서 공증서류(이혼 시 이혼판결문상의 부의 친권포기 명기)
  ② 한국국적 취득동의서
  ③ 국민과 혼인한 모가 친권 및 양육권이 있다는 내용
  ④ 친부의 사망 시 사망진단서

친생자관계부존재확인의 소

원 고　　홍 길 동 (전화)
　　　　주민등록번호　　　　－
　　　　주소
　　　　등록기준지

피 고　　김 갑 순
　　　　주민등록번호　　　　－
　　　　주소
　　　　등록기준지

청구취지

원고는 피고 ○○○와 청구외 망 ○○○ 사이에서 출생한 자가 아님을 확인한
다. 라는 판결을 구함.

청구원인

친생자관계가 없다는 확인소송을 하게 된 원인을 구체적으로 기재하십시오.

첨부서류

1. 가족관계증명서 1통
2. 주민등록등본 1통

20　　.　　.　　.

위 원고 ○ ○ ○ (인)

○○가정법원 귀중
○○지방법원(지원) 귀중

입 양 신 고 서
(년 월 일)

※ 뒷면의 작성방법을 읽고 기재하시되, 선택항목은 해당번호에 "○"으로 표시하여 주시기 바랍니다.

구분		양 부		양 모	
①양친	성명	한글 (성) / (명)	본(한자)	한글 (성) / (명)	본(한자)
		한자 (성) / (명)	출생연월일	한자 (성) / (명)	출생연월일
		주민등록번호	-	주민등록번호	-
	등록기준지				
	주소				

구분						
②양자	성명	한글 (성) / (명)	본 (한자)		주민등록번호	-
		한자 (성) / (명)	성 별 ①남 ②여		출생연월일	
	등록기준지					
	주소					

③양자의 친생부모	부	성명	등록기준지	
			주민등록번호	-
	모	성명	등록기준지	
			주민등록번호	-

④ 기타사항				

⑤증인	성 명	㉑ 또는 서명	주민등록번호	-
	주 소			
	성 명	㉑ 또는 서명	주민등록번호	-
	주 소			

⑥동의자	부	성명			㉑ 또는 서명	
	모	성명			㉑ 또는 서명	
	직계존속	㉑ 또는 서명	주민등록번호	-	관계	양자의
	양자의 배우자	㉑ 또는 서명	주민등록번호	-		
	후견인	㉑또는 서명	주민등록번호 -		허가법원	허가일자 년 월 일

⑦신고인						
	양 부		㉑ 또는 서명		전화	
					이메일	
	양 모		㉑ 또는 서명		전화	
					이메일	
	양 자		㉑ 또는 서명		전화	
					이메일	
	법정대리인	①부모	부	㉑ 또는 서명	전화	
					이메일	
			모	㉑ 또는 서명	전화	
					이메일	
		②후견인		㉑ 또는 서명	전화	
					이메일	
			15세미만자의 입양승낙	허가법원	허가일자	년 월 일

⑧제출인	성 명		주민등록번호	-

※ 타인의 서명 또는 인장을 도용하여 허위의 신고서를 제출하거나, 허위신고를 하여 가족관계등록부에 부실의 사실을 기록하게 하는 경우에는 형법에 의하여 5년 이하의 징역 또는 1천만원 이하의 벌금에 처해집니다.

※ 등록기준지 : 각 란의 해당자가 외국인인 경우에는 그 국적을 기재합니다.
※ 주민등록번호 : 각 란의 해당자가 외국인인 경우에는 외국인등록번호(국내거소신고번호 또는
   출생연월일)를 기재합니다.
①란 및 ②란 : 법 제25조제2항에 따라 주민등록번호란에 주민등록번호를 기재한 때에는 출생연
   월일의 기재를 생략할 수 있습니다.
④란 : 아래의 사항 및 가족관계등록부에 기록을 분명하게 하는데 특히 필요한 사항을 기재 합니
   다.
     - 양자가 될 자(만 15세 미만)의 법정대리인 또는 가정법원의 허가를 받은 후견인이 그를
       갈음하여 입양을 승낙하고 이를 신고하는 때에는 그 사유
     - 「입양촉진 및 절차에 관한 특례법」 제8조제1항에 따라 양자의 성과 본을 양친의 원에 의
       하여 양친의 성과 본을 따르는 경우에는 그에 관한 사항
⑥란 : 동의자란의 기재요령은 다음과 같습니다.
     - 양자가 될 자는 부·모의 동의를 받아야 하며(다만, 가족관계등록부에 판결에 의하여 친권
       이 상실된 자로 기록된 부 또는 모는 동의할 수 없습니다), 부·모가 사망 그 밖의 사유로
       인하여 동의를 할 수 없는 경우에는 직계존속[최근친, 연장자(동순위인 경우)순위로]의
       동의를 받아야 합니다.
     - 양자가 될 자가 미성년자이고, 그 미성년자에 대하여 위에서 언급한 부·모나 직계존속이
       없는 경우에는 가정법원의 허가를 받은 후견인의 동의가 있어야 합니다.
     - 입양대락자는 입양동의자란에 기재하지 않아도 됩니다.
     - 배우자 있는 자가 양자가 될 때에는 다른 한쪽의 동의를 받아야 합니다.
     - 금치산자가 양자를 입양시키거나 양자가 되고자 할 때에는 후견인의 동의를 받아야 합니
       다.
⑦란 : 양자란에는 양자가 될 자가 기명날인(또는 서명)하며, 다만 양자가 될 자가 15세 미만인
   때에는 양자란에는 기재하지 않고 법정대리인(가정법원의 허가를 받은 후견인은 허가법
   원과 허가일자를 기재)이 법정대리인란의 해당 항목번호에 "○"으로 표시한 후 기명날인
   (또는 서명)합니다.
   : 입양촉진 및 절차에 관한 특례법에 의한 입양신고의 경우에는 양친될 자와 양자될 자의
   후견인이 함께 신고인란에 기재합니다.
⑧란 : 제출자(신고인 여부 불문)의 성명 및 주민등록번호 기재[접수담당공무원은 신분증과 대조]

※ 아래 1항은 가족관계등록관서에서 전산으로 그 내용을 확인할 수 있는 경우에는 등록사항
   별 증명서의 첨부를 생략합니다.
1. 입양당사자의 가족관계등록부의 기본증명서, 가족관계증명서 및 입양관계증명서각 1통.
2. 입양동의서1부(입양에 대한 동의가 필요한 경우. 다만 동의한 사람이 입양신고서의 "동의자"
   란에 성명과 주민등록번호를 기재하고 기명날인 한 때에는 제외).
3. 입양동의 또는 입양승낙에 대한 가정법원의 허가서 등본 1부(양자가 될 자가 미성년자로서
   부모 또는 다른 직계존속이 없어 후견인의 동의를 받아야 하는 경우, 후견인이 피후견인을
   양자로 하는 경우 및 후견인이 입양승낙을 하는 경우).
4. 사건본인이 외국인인 경우
     - 한국 방식에 의한 입양 : 국적을 증명하는 서면(여권 또는 외국인등록증) 원본
     - 외국 방식에 의한 입양 : 입양증서 등본 및 국적을 증명하는 서면(여권 또는 외국인등록증) 사본 각
       1부
5. 양자가 외국인인 경우, 그 자녀의 본국법이 해당 신분행위의 성립에 자녀 또는 제3자의 승
   낙이나 동의 등을 요건으로 하는 경우에는 그 요건을 갖추었음을 증명하는 서면.
6. 신분확인[가족관계등록예규 제23호에 의함]
   ① 일반적인 입양신고
     - 신고인이 출석한 경우 : 신고인 모두의 신분증명서
     - 신고인 불출석, 제출인 출석의 경우 : 제출인의 신분증명서 및 신고인 모두의 신분증명서
       또는 서명공증 또는 인감증명서(신고인의 신분증명서 없이 신고서에 신고인이 서명한 경
       우 서명공증, 신고서에 인감 날인한 경우는 인감증명)
     - 우편제출의 경우 : 신고인 모두의 서명공증 또는 인감증명서(신고서에 서명한 경우 서명
       공증, 인감을 날인한 경우는 인감증명서)
   ② 보고적인 입양신고(증서등본에 의한 입양 포함)
     - 신고인이 출석한 경우 : 신분증명서
     - 제출인이 출석한 경우 : 제출인의 신분증명서
     - 우편제출의 경우 : 신고인의 신분증명서 사본
※ 양자가 15세 미만인 입양에 있어서 법정대리인의 출석 또는 신분증명서의 제시가 있거나 인
   감증명서의 첨부가 있으면 신고인의 신분증명서 제시 또는 인감증명서의 첨부가 있는 것으
   로 볼 수 있습니다.

질문

개명하는 방법 및 절차

북한에서 사용하던 이름이 불편하여 바꾸고 싶습니다. 어떻게 해야 하나요?

답변

이름을 바꾸고자 하면 현재 살고 있는 곳의 관할법원의 허가를 받아야 합니다. 개명허가신청서에 바꾸고자 하는 이름과 사유를 적어서 가족관계등록부와 주민등록등본을 첨부하여 관할법원의 가족관계등록과에 제출하면 됩니다. 개명신청 허가를 법원으로부터 받았다면 1개월 내에 허가결정문을 가지고 가까운 구청(읍/면사무소) 민원실에 가서 개명신고를 해야 합니다. 주민등록은 자동 변경되나, 운전면허, 통장명의 등은 주민등록초본을 발급받아 해당기관에 가서 변경신청을 해야 합니다.

관련법률

가족관계의 등록 등에 관한 법률

제99조 (개명신고)

① 개명하고자 하는 사람은 주소지(재외국민의 경우 등록기준지)를 관할하는 가정법원의 허가를 받고 그 허가서의 등본을 받은 날부터 1개월 이내에 신고를 해야 한다.

② 신고서에는 다음 사항을 기재해야 한다.

1. 변경 전의 이름

2. 변경한 이름

3. 허가연월일

③ 제 2항의 신고서에는 허가서의 등본을 첨부해야 한다.

절차

1. 개명허가신청서를 작성하여 관할법원의 '가족관계등록과'에 제출합니다.

2. 관할법원으로부터 허가를 받으면 '1개월'내에 '허가결정문'을 가지고 가까운 구청(읍/면사무소) '민원실'에 가서 개명신고를 합니다.

(성년자용)

개명허가 신청서

등록기준지 :

주   소 :

신청인 겸
사건본인의   성명 :   (한자:)

              주민등록번호   -

              전화번호 : (휴대폰)   (자택)

신 청 취 지

등록기준지   도(시)   시(군, 구)   동(읍, 면)

    리   번지 신청인겸사건본인의 가족관계등록부 중 사건본인의 이름 "

     (한자:)" 을(를) "   (한자:)" (으)로

개명하는 것을 허가하여 주시기 바랍니다.

신 청 이 유

소 명 자 료

1. 사건 본인의 기본증명서와 가족관계증명서 각 1통.

2. 사건 본인의 부와 모의 가족관계증명서 각 1통.

   (부 또는 모의 가족관계등록부가 없을 경우에는 그 제적등본 1통)

3. 사건 본인에게 성년인 자녀가 있는 경우에는 그 자녀의 가족관계증명서 1통.

4. 사건 본인의 주민등록등(초)본 1통.

5. 기타

년   월   일

위 신청인   (인)

법 원   지 원   귀 중

※ 개명허가 신청은 사건본인의 주소지 관할법원에 하셔야 합니다.

※ 관할법원에서 개명의 필요성을 판단하기 위한 자료로 기타서면의 첨부가 요구될 수 있으므로 반드시
   관할법원에 문의하시기 바랍니다.

▶ 관련서류는 대법원 전자민원센터 '양식모음'에서 다운받을 수 있습니다.

질문

중국에서 낳은 아이의 친자 확인 방법

남한으로 오기 전 중국에서 아이를 낳았습니다. 중국을 떠나며 아이를 남의 집에 맡겨두었는데 너무 보고 싶기도 하고, 아이에게 무슨 일이 있는 것은 아닌지 불안하여 아무 일도 할 수 없습니다. 아이를 데리고 올 수 있을까요? 그리고 주위에 알리지 않고 몰래 아이를 낳다 보니 아이의 출생을 증명할 서류가 없는데 이는 어떻게 해야 하나요?

답변

외국에서 아이를 데리고 오려면 내 아이라는 사실을 증명해야 합니다. 아이의 아버지인 경우 친생자임을 입증하는 것이 복잡하나, 어머니의 경우에는 분만이라는 자연적 사실에 의하여 확정되므로 자신이 아이를 출산하였다는 사실만 입증하면 됩니다. 병원에서 아이를 낳은 경우에는 출생증명서를 제출하여 이를 입증할 수 있으나, 병원에서 아이를 낳지 않은 경우에는 아이의 출생사실을 아는 사람이 작성한 출생확인서나 인우보증서를 제출하여 이를 입증할 수 있습니다.

절차

대한민국 국적을 가지게 하려면 출생증명서 등 관련서류를 구비하여 주중 한국대사관 또는 총영사관에서 출생신고를 하고 한국여권도 신청하여 받을 수 있습니다. 한국여권을 받은 후 다시 중국공안에서 중국비자를

가족관련 Q & A 113

받아야 하며, 중국비자를 받은 이후에야 아이의 한국입국이 가능합니다.

중국 국적을 가지게 하려면 중국에 출생신고를 한 뒤 중국여권을 받고, 한국비자를 받아 한국으로 입국하는 방법이 있습니다.

✐ 관련기관 주소 및 연락처

주중국 대한민국대사관(www. koreanembassy. cn)

주소: No. 20 DongfangdongLu Chaoyang District, Beijing China

전화번호: (86-10) 8531-0700

-근무시간 외: (86-10) 8531-0704 핸드폰: (86) 136-0103-0178

중국에서 낳은 아이를 가족관계등록부에 등록시 키는 방법

북한에서 결혼을 하고 다시 중국에서 결혼하였습니다. 중국남편은 사망 했으며 그 사이에 딸이 있습니다. 남한에 와서 가족관계등록부를 만들었 는데 그 가족관계등록부에는 북한의 첫 번째 남편과 결혼한 것으로 나와 있습니다. 가족관계등록부에는 북한에서의 남편이 등재되어 있는데, 중 국에서 낳은 딸을 데리고 와 함께 살 수 있을까요?

답변

혼인관계 중 아이가 태어난 경우에는 별다른 입증이 필요없으나 혼인신 고 없이 사실상 부부관계에서 아이가 태어났을 경우에는 모자관계를 입 증해야 합니다. 하지만 모자관계는 포태와 분만이라는 자연적 사실에 의 하여 확정되므로 분만사실만 증명하면 됩니다. 아이의 아버지가 누구인 지가 문제될 수 있지만 어머니의 성과 본을 따라 아이의 이름을 지을 수 있으므로 딸과 함께 생활하는 것은 문제가 없습니다(단 중국에서 결혼 후 아이를 낳았다면 아이가 중국국적을 취득하였을 가능성이 있으므로 귀화여 부가 문제될 수 있겠습니다).

민법

제840조(재판상 이혼원인)

부부의 일방은 다음 각 호의 사유가 있는 경우에는 가정법원에 이혼을 청구할 수 있다.

1. 배우자에 부정한 행위가 있었을 때
2. 배우자가 악의로 다른 일방을 유기한 때
3. 배우자 또는 그 직계존속으로부터 심히 부당한 대우를 받았을 때
4. 자기의 직계존속이 배우자로부터 심히 부당한 대우를 받았을 때
5. 배우자의 생사가 3년 이상 분명하지 아니한 때
6. 기타 혼인을 계속하기 어려운 중대한 사유가 있을 때

국적법

제2조(출생에 의한 국적 취득)

① 다음 각 호의 어느 하나에 해당하는 자는 출생과 동시에 대한민국 국적(國籍)을 취득한다.

1. 출생 당시에 부(父) 또는 모(모)가 대한민국의 국민인 자

제3조(인지에 의한 국적 취득)

① 대한민국의 국민이 아닌 자(이하 "외국인"이라 한다)로서 대한민국의 국민인 부 또는 모에 의하여 인지(인지)된 자가 다음 각 호의 요건을 모두 갖추면 법무부장관에게 신고함으로써 대한민국 국적을 취득할 수 있다.

1. 대한민국의 「민법」상 미성년일 것
2. 출생 당시에 부 또는 모가 대한민국의 국민이었을 것

② 제1항에 따라 신고한 자는 그 신고를 한 때 대한민국 국적을 취득한다.

③ 제1항에 따른 신고 절차와 그 밖에 필요한 사항은 대통령령으로 정한다.

제4조(귀화에 의한 국적 취득)

① 대한민국 국적을 취득한 사실이 없는 외국인은 법무부장관의 귀화허가(歸化許可)를 받아 대한민국 국적을 취득할 수 있다.

② 법무부장관은 귀화허가 신청을 받으면 제5조부터 제7조까지의 귀화 요건을 갖추었는지를 심사한 후 그 요건을 갖춘 자에게만 귀화를 허가한다.

③ 제1항에 따라 귀화허가를 받은 자는 법무부장관이 그 허가를 한 때 대한민국 국적을 취득한다.

④ 제1항과 제2항에 따른 신청절차와 심사 등에 관하여 필요한 사항은 대통령령으로 정한다.

제5조(일반귀화 요건) 외국인이 귀화허가를 받기 위해서는 제6조나 제7조에 해당하는 경우 외에는 다음 각 호의 요건을 갖추어야 한다.

1. 5년 이상 계속하여 대한민국에 주소가 있을 것

2. 대한민국의 「민법」상 성년일 것

3. 품행이 단정할 것

4. 자신의 자산(資産)이나 기능(기능)에 의거하거나 생계를 같이하는 가족에 의존하여 생계를 유지할 능력이 있을 것

5. 국어능력과 대한민국의 풍습에 대한 이해 등 대한민국 국민으로서의 기본 소양(素養)을 갖추고 있을 것

제6조(간이귀화 요건)

① 다음 각 호의 어느 하나에 해당하는 외국인으로서 대한민국에 3년 이상 계속하여 주소가 있는 자는 제5조 제1호의 요건을 갖추지 아니하여도 귀화허가를 받을 수 있다.

1. 부 또는 모가 대한민국의 국민이었던 자

2. 대한민국에서 출생한 자로서 부 또는 모가 대한민국에서 출생한 자

민사관련
Q&A

대여금 청구

친구에게 500만 원을 빌려주었습니다. 수차례 돈을 달라고 말했지만 없다고만 합니다.

답변

1. 우선 소를 제기하기 전에 제소 전 화해의 신청(민사소송법 제385조 이하), 지급명령신청(제462조 이하), 조정신청(민사조정법 제2조, 제5조)을 하여 비용을 절감할 수 있습니다. 일반 소장에 붙여야 하는 인지액에 비하여 지급명령신청서에는 그 10분의 1을, 화해(민사소송 등 인지법 제7조) 또는 조정신청서(민사조정규칙 제3조)에는 그 5분의 1을 붙이기 때문입니다.

2. 조정 등이 성립하지 아니한 경우 통상의 소로 전환될 수 있어 시간상으로 급박한 사건이 아니라면 적극 시도하여 볼 필요가 있습니다. 소를 제기하는 것은 승소 판결을 통해 강제집행의 방법으로 빌려준 돈을 받아 낼 수 있기 때문입니다. 그러나 승소하더라도 상대방이 무자력 등으로 강제집행이 불가능하면 소를 제기한 의미가 없기 때문에 미리 상대방의 부동산, 채권(은행예금, 월급) 등에 가압류신청(민사집행법 제276조 이하)을 하여 소송 중에 처분을 하지 못하게 해둘 필요가 있습니다. 가압류는 그 자체만으로 채무자를 압박하여 임의 변제를 유도하는 효과가 있을 수도 있습니다.

3. 소액사건심판법은 소액의 민사사건(청구하는 금액이 2,000만 원까

지) 을 간이한 절차에 따라 신속히 처리하기 위해 민사소송법에 대한 특례를 규정하고 있습니다. 즉 소장이 접수되면 즉시 변론기일을 지정하여 1회의 변론기일로 심리를 마치고 즉시 선고할 수 있도록 하고 있습니다. 다만, 법원이 이행권고결정을 하는 경우에는 즉시 변론기일을 지정하지 않고, 일단 피고에게 이행권고결정등본을 송달한 후 이의가 있을 경우에만 변론기일을 지정하여 재판을 진행하게 됩니다.

4. 피고가 이행권고결정에 대하여 이의신청을 하지 않으면 법정에 출석해야 하는 재판 없이 사건이 종결되고 원고가 전부 승소한 것으로 처리됩니다.

5. 또한 법률에 따라 재판상 행위를 할 수 있는 대리인 외에는 변호사가 아니면 소송대리인이 될 수 없는 것이 원칙인데 소액사건에서는 당사자의 배우자, 직계혈족, 형제자매는 법원의 허가 없이 소송대리인이 될 수 있습니다. 다만, 당사자와 신분관계 등을 증명할 수 있는 서면(가족관계증명서 등) 을 미리 법원에 제출해야 합니다.

6. 민사집행법상의 특례로 확정된 이행권고결정에 기한 강제집행에 있어서는 조건성취나 승계집행문의 경우를 제외하고 집행문을 부여받을 필요가 없습니다.

절차

1. 소송에 필요한 증거서류(차용증, 지불각서, 은행예금거래내역서 등) 와 도장, 인지대, 송달료 등을 준비하고 본인의 주소지나 상대방의 주소지 관할법원 소장접수 담당사무관 등에게 제출하고 면전에서 진술하면 법원사무관 등이 소제기조서를 작성하는 방식으로 소가 제기됩니다.

당사자가 직접 소장을 작성하여 제출하고자 하는 경우에는 법원의 소액사건 소장양식을 참조하거나 법원 민원실에서 양식을 교부받아 작성할 수 있습니다.

2. 인지대: 소송가액(소송으로 피고로부터 받고자 하는 금액)이 1천만 원 미만인 때는 소송가액×0.005이므로 소송가액이 위와 같이 500만 원인 때는 (500만원×0.005) = 25,000원의 인지대를 납부해야 합니다.

소송가액이 1천만 원 이상 2천만 원 이하일 때는 소송가액×0.0045+5,000원으로

예를 들어 소송가액이 1천 500만 원이면 (1천 500만 원×0.0045+5,000원) = 72,500원의 인지대를 내야 합니다.

3. 송달료: 송달료는 법원에서 소송관련 서류를 송달하는 데 들어가는 일종의 우편요금을 말하며 소액사건의 경우 소장 접수 시 당사자수×10회에 해당하는 송달료를 내야 합니다.

1회 우편료가 대략 3,020원 정도일 때, 위와 같이 원, 피고가 각각 1명인 경우 송달료는 (2×3,020원×10) =60,400원입니다.

채 권 가 압 류 신 청 서

수입인지
10,000원

채 권 자   (이름)
                (주소)
채 무 자   (이름)
                (주소)
제3채무자   (이름)
                (주소)

신 청 취 지

채무자의 제3채무자에 대한 별지 목록 기재의 채권을 가압류한다.
제3채무자는 채무자에게 위 채권에 관한 지급을 하여서는 아니 된다.
라는 결정을 구함

청구채권(피보전권리)의 내용
청구금액 금   원

신 청 이 유

소 명 방 법

1.
2.

20   .   .   .

신청인   (날인 또는 서명)
  (연락처 :   )

                            지방법원   귀중

◇ 유 의 사 항 ◇

1. 청구채권(피보전권리)의 내용란에는 채권의 발생일자와 발생원인 등을 기재한다.(예시) 2003. 1. 1.자 대여금
2. 신청인은 연락처란에 언제든지 연락 가능한 전화번호나 휴대전화번호(팩스번호, 이메일 주소 등도 포함)를 기재하기 바랍니다.
3. 공무원 또는 대기업직원의 임금 또는 퇴직금채권에 대한 가압류를 신청할 때에는 채무자의 이름과 주소 외에 소속부서, 직위, 주민등록번호, 군번/순번(군인/군무원의 경우) 등 채무자를 특정할 수 있는 사항을 기재하시기 바랍니다.
4. 이 신청서를 접수할 때에는 당사자 1인당 3회분의 송달료를 송달료수납은행에 예납하여야 합니다

<예시>

가압류할 채권

○ 매매대금

금   원
(채무자가 제3채무자에게 20 . . . 매도한 다음 물건에 대한 금   원의   매매대금채권)

○ 대여금

금   원
(채무자가 제3채무자에 대하여 20 . . . 대여한 금   원의 반환채권)

○ 급료

채무자가 제3채무자로부터 매월 수령하는 급료(본봉 및 제수당) 및 매년 6월과 12월에 수령하는 기말수당(상여금) 중 제세공과금을 뺀 잔액의 1/2씩 위 청구금액에 이를 때까지의 금액 [다만, 국민기초생활보장법에 의한 최저생계비를 감안하여 민사집행법 시행령이 정한 금액에 해당하는 경우에는 이를 제외한 나머지 금액, 표준적인 가구의 생계비를 감안하여 민사집행법 시행령이 정한 금액에 해당하는 경우에는 이를 제외한 나머지 금액] 및 위 청구금액에 달하지 아니한 사이에 퇴직한 때에는 퇴직금 중 제세공과금을 뺀 잔액의 1/2씩 위 청구금액에 이를 때까지의 금액 ※ 대법원 홈페이지(http://www.scourt.go.kr)에서 민사집행법 시행령이 정하는 금액을 확인할 수 있습니다.

○ 임대차보증금

금   원
(채무자가 제3채무자로부터 20 . . . 서울   구   동   아파트 동 호를 임차함에 있어 제3채무자에게 지급한 임대차보증금   원의 반환채권)

○ 공사대금

금   원
(채무자와 제3채무자 사이의 20 . . . 자 택지조성공사 도급계약에 따른 채무자의 금   원의 공사대금채권)

○ 공탁금출급청구권

```
금        원

(채무자가 제3채무자에 대하여 가지는 20  .  .  . 공탁자가 아래 물건의 매매대금으로서
지방법원 20 년 금제  호로 공탁한 금    원의 출급청구권)
```

```
금        원

(채무자가 제3채무자에 대하여 가지는 20  .  .  . 피공탁자를      로 하여 아래 물건의 매
매대금으로서    지방법원 20 년 금제  호로 공탁한 금     원의 회수청구권)
```

```
금        원

(채무자가    지방법원 20 카단(합)   가처분신청사건의 담보로서    지방법원 20 금제  호
로 공탁한 금    원의 회수청구권)
```

○ 예금채권

```
금        원

[채무자가 제3채무자(   지점)에 대하여 가지는 보통예금채권(제  번) 금      원
및 20  .  .  . 만기의 정기예금채권(제   번) 금      원]
```

```
금        원

(채무자가 제3채무자(    지점)에 대하여 가지는, 채무자 발행의 아래 약속어음 1매에 대한 피
사취신고의 담보로 채무자가 별단예금한 금      원의 반환청구채권)
```

```
금        원

다만, 채무자(      -      )가 제3채무자(취급점 : ○○지점)에 대하여 가지는 다음 예금채권
중 다음에서 기재한 순서에 따라 위 청구금액에 이를 때까지의 금액

                              다    음

1. 압류되지 않은 예금과 압류된 예금이 있는 때에는 다음 순서에 의하여 가압류한다.
     가. 선행 압류·가압류가 되지 않은 예금
     나. 선행 압류·가압류가 된 예금
2. 여러 종류의 예금이 있는 때에는 다음 순서에 의하여 가압류한다.
     가. 정기예금  나. 정기적금  다. 보통예금  라. 당좌예금  마. 별단예금
3. 같은 종류의 예금이 여러 계좌 있는 때에는 계좌번호가 빠른 예금부터 가압류한다.
※ 채무자의 주민등록번호 또는 사업자등록번호를 반드시 기재하여야 한다.
```

채권압류 및 선부명령 신청서

			수입인지
			4000원

채 권 자   (이름)   (주민등록번호   -   )
          (주소)
채 무 자   (이름)   (주민등록번호   -   )
          (주소)
제3채무자   (이름)   (주민등록번호   -   )
          (주소)

신 청 취 지

채무자의 제3채무자에 대한 별지 기재의 채권을 압류한다.
제3채무자는 채무자에게 위 채권에 관한 지급을 하여서는 아니 된다
채무자는 위 채권의 처분과 영수를 하여서는 아니 된다.
위 압류된 채권은 지급에 갈음하여 채권자에게 전부한다
라는 결정을 구함

청구채권 및 그 금액 : 별지 목록 기재와 같음

신 청 이 유

첨 부 서 류

1. 집행력 있는   정본 1통
2. 송달증명서 1통

              20   .   .   .

    채권자   ㊞ (서명   )
    (연락처 :   )

                    지방법원   귀중

◇ 유 의 사 항 ◇
1. 채권자는 연락처란에 언제든지 연락 가능한 전화번호나 휴대전화번호(팩스번호, 이메일 주소 등도 포함)를
   기재하기 바랍니다.
2. 집행력 있는 집행권원은 "확정된 종국판결, 가집행선고 있는 종국판결, 화해·인낙·조정조서, 확정된
   지급명령, 확정된 이행권고결정, 확정된 화해권고결정, 공정증서, 확정된 배상명령" 등이 있습니다.
3. 공무원 또는 대기업직원의 임금 또는 퇴직금채권에 대한 채권압류 및 추심명령을 신청할 때에는 채무자의
   이름과 주소 외에 소속부서, 직위, 주민등록번호, 군번/순번(군인/군무원의 경우) 등 채무자를 특정할 수 있
   는 사항을 기재하시기 바랍니다.
4. 이 신청서를 접수할 때에는 당사자1인당 3회분의 송달료를 송달료수납은행에 예납하여야 합니다.

<예시>

청 구 채 권

금	원 (대여금)
금	원 (위 금원에 대한 20 . . .부터 20 . . .까지 의 이자 및 지연손해금)
금	원 (집행비용의 내역 : 금 원의 신청서 첨부인지대, 금 원 의 송달료)
합계 금	원

<예시>

압류할 채권의 종류 및 액수

채무자가 제3채무자로부터 매월 수령하는 급료(본봉 및 제수당) 및 매년 6월과 12월에 수령하는 기말수당(상여금) 중 제세공과금을 뺀 잔액의 1/2씩 위 청구금액에 이를 때까지의 금액[다만, 국민기초생활보장법에 의한 최저생계비를 감안하여 민사집행법 시행령이 정한 금액에 해당하는 경우에는 이를 제외한 나머지 금액,표준적인 가구의 생계비를 감안하여 민사집행법 시행령이 정한 금액에 해당하는 경우에는 이를 제외한 나머지 금액] 및 위 청구금액에 달하지 아니한 사이에 퇴직한 때에는 퇴직금 중 제세공과금을 뺀 잔액의 1/2씩 위 청구금액에 이를 때까지의 금액

※ 대법원 홈페이지(http://www.scourt.go.kr)에서 민사집행법 시행령이 정하는 금액을 확인할 수 있습니다.

주: 압류가 금지된 채권은 아래와 같습니다.
  1. 법령에 규정된 부양료 및 유족부조료
  2. 공무원연금법에 의한 급여
  3. 국가유공자등 예우 및 지원에 관한 법률에 의한 보상금
  4. 사립학교교직원연금법에 의한 급여
  5. 국민연금법에 의한 각종 급여
  6. 각종 보험법에 의한 보험급여
  7. 형사보상청구권
  8. 생명·신체의 침해로 인한 국가배상금 등

답 변 서

사건번호   20   가   [담당재판부 : 제   (단독)부]

원   고   (이름)

           (주소)

피   고   (이름)   (주민등록번호   -   )

           (주소)   (연락처   )

위 사건에 관하여 피고는 다음과 같이 답변합니다.

청구취지에 대한 답변

청구원인에 대한 답변

20   .   .   .

피고   (날인 또는 서명)

○○지방법원 귀중

◇ 유의사항 ◇

1. 연락처란에는 언제든지 연락 가능한 전화번호나 휴대전화번호를 기재하고, 그 밖에 팩스번호, 이메일 주소 등이 있으면 함께 기재하기 바랍니다.

2. 답변서에는 청구의 취지와 원인에 대한 구체적인 진술을 적어야하고 상대방 수만큼의 부본을 첨부하여야 합니다.

3. 「청구의 취지에 대한 답변」에는 원고의 청구에 응할 수 있는지 여부를 분명히 밝혀야 하며, 「청구의 원인에 대한 답변」에는 원고가 소장에서 주장하는 사실을 인정하는지 여부를 개별적으로 밝히고, 인정하지 아니하는 사실에 관하여는 그 사유를 개별적으로 적어야 합니다.

4. 답변서에는 자신의 주장을 증명하기 위한 증거방법에 관한 의견을 함께 적어야 하며, 답변사항에 관한 중요한 서증이나 답변서에서 인용한 문서의 사본 등을 붙여야 합니다.

브로커비용

브로커가 브로커비용으로 600만 원을 요구해 한국에 가면 갚기로 하고 차용증을 작성해 주었습니다. 차용증대로 600만 원을 주어야 하나요?

답변

1. 북한이탈주민은 브로커에 비해 약자의 지위에 있습니다. 때문에 브로커가 브로커비용을 많이 요구한다고 해도 쉽게 거절하지 못하고 브로커가 요구하는 대로 차용증을 작성해주는 경우가 대부분입니다.

2. 브로커가 비용을 달라고 요구하는 경우 이를 거절할 수 있는 법적 근거가 있는지, 즉 이러한 계약이 유효인지에 대해 일괄적으로 말하기는 어렵습니다. 탈북을 대가로 금전을 지급해주기로 한 계약임이 밝혀졌음을 전제로 이러한 계약이 반사회적인 법률행위로서 민법 제103조에 반하는 무효의 계약이므로 브로커비용의 지급을 거절할 수 있는가가 문제인데 이러한 계약이 유효인지에 대해 명시적인 판례는 없는 듯합니다.

3. 민법 제103조에 의하여 무효로 되는 반사회질서행위는 법률행위의 목적인 권리의무 내용이 선량한 풍속 기타 사회질서에 위반되는 경우뿐만 아니라 그 내용 자체는 반사회질서적인 것이 아니라고 하여도 법률적으로 이를 강제하거나 그 법률행위에 반사회질서적인 조건 또는 금전적 대가가 결부됨으로써 반사회질서적 성질을 띠게 되는 경우 및 표시되거나 상대방에게 알려진 법률행위의 동기가 반사회질서적인 경우를 포함한다는 판례의 입장에 비추어 탈북을 대가로 금전을 지급해주기로 하

130

는 계약은 금전적 대가가 결부됨으로써 반사회질서적 성질을 띠게 되는 경우 또는 상대방에게 알려진 법률행위의 동기가 반사회질서적인 경우에 해당하여 무효로 될 여지가 없지는 않습니다.

4. 다만, 법률행위의 성립 과정에 불법적 방법이 사용된 경우 판례는 일관하여 민법103조가 적용되지 않는다는 입장이기 때문에 판례가 브로커가 협박을 통해 차용증의 형식을 빌려 과다한 브로커비용을 지급하기로 한 계약을 단지 법률행위의 성립과정에 불법적 방법이 사용된 경우로 본다면 계약을 무효로 돌리기 힘들 수 있습니다.

5. 민사소송을 통해 채무에서 벗어나고자 한다면 채무부존재확인의 소를 제기하거나 상대방이 제기한 소송에 대응하여 계약이 반사회적 법률행위임을 주장해야 하는데 반사회적인 법률행위로서 무효임을 주장하고 입증하는 과정은 매우 어렵습니다. 승소한다는 보장도 없거니와 면하고자 하는 브로커 비용에 비해 재판을 치르면서 드는 시간과 비용이 더 커질 수도 있기 때문입니다.

6. 브로커가 법원에 차용증을 증거로 지급명령을 신청하는 등의 간단한 절차를 이용하여 북한이탈주민에게 브로커비용의 지급을 구하는 경우, 지급명령에 대한 이의를 신청하고 조정을 통해 해결하는 것이 효율적인 방법일 수 있습니다.

브로커가 집을 가압류한 경우 대응방법

브로커비용 600만 원 중 200만 원을 먼저 주고 남한에 도착하면 나머지 400만 원을 주기로 하고 차용증을 작성해 주었습니다. 두 달 정도 지나 니까 법원에서 서류가 와서 보니 임대보증금을 가압류한다는 내용이었 습니다. 그렇다면 제 임대보증금은 어떻게 되는 것이며, 제가 대응할 수 있는 방법은 무엇인가요?

답변

1. 가압류는 금전채권(예컨대, 돈을 빌려준 경우 갚아달라고 할 수 있는 대 여금채권, 임대차기간이 종료한 경우 임대보증금을 돌려달라고 할 수 있는 보증금반환채권)이나 금전으로 환산할 수 있는 채권에 관하여 장래 채무 자로부터 돌려받기 위해 미리 채무자의 재산을 묶어두어 채무자가 처분 하지 못하도록 하는 제도입니다. 후에 재판에서 승소하면 가압류가 본압 류로 바뀌어 채무자의 재산을 팔아 채권에 충당하는 등 강제집행을 할 수 있습니다.

　2. 브로커가 임대차보증금반환채권에 대한 가압류를 신청한 경우 보 증금을 돌려줄 의무가 있는 임대인에게 보증금반환채권에 대하여 가압류 결정이 내려졌다는 통지가 가게 되므로 소송을 통해 보증금을 가압류채 권자(브로커)와 채무자(북한이탈주민) 중 누구에게 돌려주어야 할지 결 정될 때까지 임대인은 임차인에게 보증금을 반환할 수 없습니다. 그러나 가압류 된 사실만으로 보증금이 브로커의 소유가 되는 것은 아닙니다.

3. 이러한 경우 다음과 같은 대응방안을 생각해 볼 수 있습니다.

1) 제소명령신청

보통 가압류 가처분이 발령되고 나면 브로커는 북한이탈주민이 심리적 압박을 느껴 스스로 돈을 갚을 것이라고 생각하고 기다리는 경우가 있습니다. 그렇게 되면 북한이탈주민으로서는 임대차기간이 만료되어도 보증금을 받을 수 없는 상태에 묶이게 됩니다. 이러한 경우 소송을 통해서라도 다툴 생각이 있으면 상대방이 가압류·가처분만 해놓고 본안소송을 미루는 경우 법원에 브로커로 하여금 빠른 시일 내로 본안소송을 제기하라는 명령을 내리라고 하는 제소명령을 신청할 수 있습니다. 법원이 제소명령을 하면 채권자는 본안소송을 제기해야 하고, 본안소송을 제기하지 않으면 법원은 채무자의 신청으로 가압류·가처분 결정을 취소할 수 있습니다.

2) 이의신청

채권자가 가압류·가처분을 한 경우 채무자는 이의신청을 할 수 있습니다. 이의신청이 접수되면 법원은 변론 또는 심문을 열어 가압류·가처분의 타당성을 심리하게 됩니다.

이의사건은 보전처분을 발령한 법원의 전속관할이 됩니다. 이의사유에는 제한이 없습니다. 북한이탈주민이 주장할 수 있는 이의사유로는 브로커비용에 대한 지급명령이 발령되거나 소송이 제기된 경우에 답변하게 되는 내용과 같습니다. 하지만 위에서도 살펴보았듯이 계약의 하자를 주장하여 소송을 진행하여 승소한다는 것은 쉽지 않은 일입니다.

3) 가압류 해방금액의 공탁에 의한 가압류 · 가처분 집행취소신청

장기간의 고통이 따르는 재판을 거치기 싫고 브로커비용을 제외한 나머지 보증금이라도 돌려받길 원한다면 가압류 결정문에 기재된 가압류 해방금액을 법원에 공탁하고 가압류 집행취소를 받을 수 있습니다.

4) 조정

보전절차에서도 본안소송의 소송물(임대보증금반환채권)에 관하여 조정을 할 수 있습니다. 차용증을 작성하게 된 경위가 브로커의 협박 때문이었다는 이유를 들어 계약이 효력이 없으므로 브로커비용을 지급하지 않겠다고 다투려면 불가피하게 소송을 진행해야 하고 소송은 많은 시간과 노력을 필요로 합니다. 보통의 민사소송이 짧게는 6개월 정도에서 길게는 몇 년이 걸리고 서면의 작성과 증거의 준비, 재판에의 출석 등으로 제대로 된 일상생활을 하지 못하게 되는 경우도 많습니다. 이러한 번거로운 절차를 원하지 않는다면 신속하고 소송보다는 훨씬 간편한 조정제도를 이용하는 방법이 있습니다.

민사조정절차는 조정만을 담당하는 판사 또는 법원에 설치된 조정위원회가 분쟁당사자로부터 주장을 듣고 여러 사정을 참작하여 조정안을 제시하고 서로 양보와 타협을 통해 합의에 이르게 함으로써 분쟁을 평화롭게 해결하고자 마련된 제도입니다. 따라서 조정을 선택했다면 브로커비용을 전부 주지 않을 수는 없게 됩니다. 하지만 소송과 같은 엄격한 절차를 거치지 아니하고 자유로운 분위기에서 자신의 의견을 충분히 말할 수 있습니다. 북한이탈주민으로 탈북을 위해 어쩔 수 없이 브로커비용을 줄 수밖에 없었던 사정과 브로커의 강요가 있었기 때문에 브로커가 요구하는 비용으로 차용증을 작성할 수밖에 없었던 사정을 이야기하며 비용을 깎아달라고 해야 합니다. 조정절차를 선택하면 한 번만 법원에 나가면 되고 소송에 비해 인지대가 1/5이므로 비용을 절약할 수 있습니다.

민사조정신청을 하기 위해서는 먼저 민사조정신청서를 작성해야 합니다. 신청서 양식은 각급 법원의 종합민원실에 마련된 양식을 이용하거나 그렇지 않은 경우 A4용지에 작성하여 제출하는 것이 좋습니다.

조정이 성립되면 보전처분의 신청은 취하된 것으로 보며 만약 원고(브로커)가 본안소송까지 제기한 상태라면 당연히 소가 취하된다고 보는 것은 아니고 별도로 소를 취하하는 절차를 거쳐야 합니다. 만약 조정이 성립되었음에도 원고가 소를 취하하지 않으면 피고는 재판부에 조정이 성립되었음을 말하면 각하판결을 하게 됩니다.

가압류(가처분)결정에 대한 이의신청

신 청 인(채무자)　(이 름)　　　　　(주민등록번호　　　　-　　　)　| 수입인지 10,000원 |

　　　　　　　　(주 소)

　　　　　　　　(연락처)

피신청인(채권자)　(이 름)　　　　　(주민등록번호　　　　-　　　)

　　　　　　　　(주 소)

신 청 취 지

1. 위 당사자간 ○○○○법원 ○○지원　　　카합　　　호 신청사건에 관하여 20 ．　．　．
　 동원에서 결정한　　　결정을 취소한다.
2. 채권자의 이 사건 가압류(가처분)신청을 기각한다.
3. 소송비용은 채권자의 부담으로 한다.
라는 재판을 구함

신 청 이 유

별지와 같음

소 명 방 법

1.
2.

　　　　　　　　　　20 ．　．　．

　　　　위 신청인　　　　　　　(날인 또는 서명)

　　　　　　　　○○○○법원 ○○지원 귀중

136

제소명령신청서

<table>
<tr><td></td><td></td><td>인 지</td></tr>
<tr><td></td><td></td><td>1,000원</td></tr>
</table>

신 청 인 (이름)   (주민등록번호 -)

    (주소)

    (연락처)

피신청인 (이름)   (주민등록번호 -)

    (주소)

위 당사자간 20 . . .에 내려진 ○○법원 20 카단(합) 가압류(가처분)결정에 대하여 채권자는 현재까지 본안소송을 제기하지 아니하므로 피신청인에게 상당한 기간 내에 본안소송을 제기할 것을 명령하여 주시기 바랍니다.

소명자료

가처분(가압류)결정사본 1부

20 . . .

신 청 인   (날인 또는 서명)

○○○○법원 귀중

◇ 유의사항 ◇

1. 신청인은 연락처란에 언제든지 연락 가능한 전화번호나 휴대전화번호(팩스번호, 이메일 주소 등도 포함)를 기재하기 바랍니다.
2. 이 신청서를 접수할 때에는 당사자 1인당 2회분의 송달료를 송달료 수납은행에 납부하여야 합니다. 다만, 송달료 수납은행이 지정되지 아니한 시.군법원의 경우에는 송달료를 우편으로 납부하여야 합니다.

지급명령에 대한 이의신청서

사　　건　　20　　　차

채 권 자　(이　름)

채 무 자　(이　름)

　　　　　　(주　소)

위 독촉사건에 관하여 채무자는 20 　．　　．　　．지급명령정본을 송달받았으나 이에 불복
하여 이의신청을 합니다.

20　　　．　　．　　．

이의신청인(채무자)　　　　　(날인 또는 서명)

(연락처　　　　　　　　　　　　　)

지방법원 귀중

◇ 유 의 사 항 ◇

1. 채무자는 연락처란에 언제든지 연락 가능한 전화번호나 휴대전화번호(팩스번호, 이메일 주소 등도 포
   함)를 기재하기 바랍니다.

2. 채무자는 지급명령 정본을 송달받은 날로부터 2주 이내에 이의신청서를 제출하는 것과 별도로지급
   명령의 신청원인에 대한 구체적인 진술을 적은 답변서를 함께 제출하거나 늦어도 지급명령 정본을
   송달받은 날부터 30일 이내에 제출하여야 합니다.

질문

임대주택관련 비용청구

국민임대주택에 입주한 북한이탈주민 갑이 그곳에 거주하며 ① 장롱(붙박이 아님)을 사놓고, ② 장판, 베란다 새시 등을 설치하고, ③ 도배, 화장실 인테리어 공사 등을 하였습니다. 그런데 이 모든 것에 대해 소유자인 한국토지주택공사 측에 동의를 받은 사실은 없습니다. 이후 임대차가 종료하였고, 새로운 임차인 을이 들어오게 되었습니다. 이에 갑은 우선 한국토지주택공사 측에 문의를 하여 위 모든 비용에 대해 청구를 하여 보았으나 자신들의 소관이 아니니 그 비용을 지급하여 줄 수 없다고 하였고, 그러자 갑은 새 임차인인 을에게 위와 같은 장롱, 장판, 화장실 인테리어 공사 등에 대한 모든 비용을 청구하고 있습니다. 이 경우 위 비용을 청구할 수 있는지, 그렇다면 누구에게 청구해야 하는지, 거부할 경우 어떻게 해야 할까요?

답변

1. 비용상환청구권

1) 필요비상환청구권

임대인이 임차인에 대하여 임대차계약이 존속하는 동안 목적물의 사용·수익에 필요한 상태를 유지하게 할 의무를 부담하기 때문에 임차인이 목적물의 보존에 관하여 필요비를 지출한 때는 당연히 임차인에게 그 비용을 상환할 의무를 집니다.

임대목적물의 보존을 위해 지출한 비용이고 그것이 임대인의 수선의무의 범위에 속하는 경우라면 응당 임대인이 부담하였어야 할 비용이기 때문입니다.

2) 유익비상환청구권

임차인이 그의 비용으로 임차목적물의 객관적 가치를 증가시켰고 그 결과가 임대차계약이 종료한 때 남아 있어 임대인의 차지가 된다면 임대인은 임차인의 노력과 재산으로 이득을 얻은 반면 임차인은 그 상당의 손해를 입었기 때문에 임대인은 임차인에게 그 비용을 상환해 주는 것이 타당합니다.

이러한 비용을 유익비라고 하는데 유익비로 인정되기 위해서는 임차목적물의 객관적 가치를 증가시키기 위해 지출한 비용이어야 합니다. 예를 들면 임차인이 사무실로 사용하던 건물을 임차하여 삼계탕집을 경영하기 위해 보일러, 온돌방, 주방 가스시설 등을 설치하는 데 비용을 지출했다 하더라도 이러한 시설 등은 임대인이 장차 그 건물에서 삼계탕집을 경영할 것이라는 등의 특별한 사정이 없는 한 임대인에게 아무런 이익이 되지 않기 때문에 유익비에 해당하지 않는 것입니다.

또한 임차인이 지출한 비용의 결과가 임차목적물과 분리할 수 없는 구성부분이 되어야 합니다. 만약 분리할 수 있다면 유익비상환청구권의 대상이 아니라 부속물매수청구권의 대상이 됩니다.

유익비의 지출에는 임대인의 동의가 있을 것을 요하지 않습니다.

3) 포기특약의 효력

만약 계약서에 '임차건물을 증·개축하였을 때는 임대인의 승낙 여부를 불문하고 그 부분은 무조건 임대인의 소유로 귀속한다' 또는 '임차인은 임대차계약이 종료한 때 임대인에게 임차목적물을 원상으로 회복하여 인도한다' 등의 조항이 있는 경우 이는 임차인이 미리 유익비상환청구권을 포기하는 취지의 약정이라고 인정되기 때문에 임대인에게 유익비의 상환을 청구할 수는 없습니다. 보통 임대차계약을 체결할 경우 '임차인은 임대차계약이 종료한 때 임대인에게 임차목적물을 원상으로 회복하여 인도한다'라는 조항이 포함되는 경우가 많습니다. 따라서 계약서의 조항을 세심하게 검토하여 보는 것이 필요합니다.

2. 건물 임차인의 부속물매수청구권

임차인이 그의 비용으로 임차목적물에 부가한 것이 독립한 가치를 가지는 때는 그 부속물의 소유권은 임차인에게 있고 그 결과 임차인은 임대차계약이 종료한 때 그것을 회수해 갈 수 있으나 이러한 부속물을 임차목적물에서 떼어내 다른 곳으로 가져가면 그 경제적 가치가 크게 감소되기 때문에 이를 임차인이 떼어내서 가져가는 것보다는 임대인에게 팔수 있는 권리를 마련한 것입니다.

이러한 부속물매수청구권은 ① 건물의 임대차일 것, ② 임차인이 임차목적물의 사용의 편익을 위해 부속시킨 것일 것, ③ 부속물이 독립성을 가질 것, ④ 임대인의 동의를 얻거나 임대인으로부터 매수하여 부속시킨 것일 것의 요건을 갖추어야 임차인에게 인정됩니다.

무엇이 임차목적물의 사용의 편익을 위한 것으로 볼 것인지는 건물의 구조, 위치, 환경 기타 임대차 당시 합의된 용법 등을 고려하여 객관적으로 정해야 합니다. 예를 들어 공부상 용도가 음식점인 건물을 상하수도, 화장실, 전기배선 등 기본 시설만 되어 있는 상태에서 임차하여 대중음식점을 경영하면서 주방시설, 전기시설 등을 하였거나 상가건물의 점포를 임차하면서 설치한 유리출입문과 섀시는 이에 해당합니다.

부속물매수청구권은 위의 요건을 다 갖춘 경우 임대차가 종료한 경우에 인정되는 것으로 임차인이 차임을 연체하여 임대인이 임대차계약을 해지하는 경우에는 인정되지 않습니다.

부속물매수청구권을 규정하는 민법 제646조는 강행규정이기 때문에 이에 반하여 임대차계약 당시 이를 포기하기로 약정하였더라도 이는 효력이 없습니다.

이러한 임차인의 부속물매수청구권은 임대인에 대하여 인정되는 것으로 소유자가 달라진 경우 임대차로 새로운 소유자에게 대항할 수 있다면 새로운 소유자에게 부속물매수청구권을 행사할 수 있습니다.

3. 사안의 경우

① 우선 새로운 임차인에게 이러한 비용을 구할 권리는 없습니다.
② 장롱은 임대차 목적물의 수선과는 무관하므로 필요비가 아니며 붙박이가 아닌 이상 반출한다 하더라도 장롱 자체의 가치에 변함이 없어 유익비에도 해당하지 않기 때문에 임차인이 장롱의 비용을 임대인(임대차가 대항력을 갖춘 경우 새로운 소유자)에게 청구할 수는 없습니다.
③ 주거용 건물을 임차하여 도배를 새로 하고 장판을 다시 깔았다면 이는 유익비를 지출한 것으로 보이고 이 비용은 임대인에게 상환을 요구할 수 있으나 임대차계약 당시 상환청구를 포기한다는 특약을 하였다면 청구할 수 없습니다.
④ 베란다 섀시는 부속물매수청구의 대상이 되는데 기존의 섀시를 뜯고 새로운 섀시를 하면서 임대인의 동의를 구하지 아니하였다면 그 비용을 달라고 할 수는 없습니다. 다만, 임대인의 동의는 명시적인

동의 외에 묵시적인 동의도 인정됩니다. 구체적인 사정에 따라 묵시적으로 동의한 것이라고 볼 수 있다면 새시비용을 청구할 수 있습니다.

민법

제626조 ① 임차인이 임차물의 보존에 관한 필요비를 지출한 때는 임대인에 대하여 그 상환을 청구할 수 있다.

② 임차인이 유익비를 지출한 경우에는 임대인은 임대차 종료시에 그 가액의 증가가 현존한 때 한하여 임차인의 지출한 금액이나 그 증가액을 상환해야 한다. 이 경우에 법원은 임대인의 청구에 의하여 상당한 상환기간을 허여할 수 있다.

제646조 ① 건물 기타 공작물의 임차인이 그 사용의 편익을 위해 임대인의 동의를 얻어 이에 부속한 물건이 있는 때는 임대차의 종료시에 임대인에 대하여 그 부속물의 매수를 청구할 수 있다.

② 임대인으로부터 매수한 부속물에 대하여도 전항과 같다.

형사관련
Q&A

질문

북한에 있는 가족에게 송금하는 방법

저는 남한에 거주하고 있는 북한이탈주민입니다. 북한에 거주하고 있는 가족들에게 돈을 보내고 싶은데 어떻게 하면 될까요?

답변

현재는 관련 법률(남북교류협력에 관한 법률, 외국환거래법)상 북한 거주 주민에게 송금을 하려면 통일부 장관 승인 등을 받아야 하나, 사실상 이러한 승인을 받기가 쉽지 아니하여 송금이 불가능한 상황입니다.

다만 현재 남북교류협력에 관한 법률 개정안이 입법예고 되어 있는데, 개정안에 따르면 북한이탈주민이 가족에게 송금하려고 하는 경우 원칙적으로 정부의 사전 승인을 받도록 하되, 생계비나 의료비 등 일정 금액 이하인 경우에는 승인 없이도 송금이 가능하도록 예외를 규정하고 있습니다(개정안을 보려면 법제처 홈페이지 참고, www.moleg.go.kr).

따라서 향후 개정안이 국회에서 통과되면, 북측 가족 생계비나 의료비 등을 위해 일정 금액 이하를 북한에 있는 가족에 대한 송금하는 것은 가능할 것으로 예상됩니다.

한편, 돈을 송금하는 것이 아니라 북한에 있는 가족과 접촉을 하여 돈을 직접 건네주려고 하는 것이라면 현행 남북교류협력에 관한 법률 제9조의2에 정해져 있는 절차에 따라 접촉할 수 있습니다. 이러한 경우 통일부장관에게 미리 신고해야 하고, 신고가 수리되어야 접촉할 수 있습니다.

그런데 2010. 5. 24. 남북교역중단 이후로는 통일부에서는 신고수리를 해주지 않고 있다고 합니다. 따라서 개인의 자격으로 북한에 거주하고 있는 가족들을 접촉하여 돈을 건네주려고 하는 경우에 남북교류협력에 관한 법률 제9조의2에 규정된 절차에 따른다고 하더라도 신고가 수리되지 않을 가능성이 높습니다.

그리고 만약 이러한 신고를 하지 않고 북한에 있는 주민과 접촉하거나, 금원을 반출한 경우 등에는 남북교류협력에 관한 법률 제27조에 의하여 3년 이하의 징역 또는 1천만 원 이하의 벌금을 받거나, 제28조의2의 과태료 규정에 따라 과태료를 받을 수 있음을 유의하시기 바랍니다.

관련법률

남북교류협력에관한법률

제9조의2(남북한 주민 접촉)

① 남한의 주민이 북한의 주민과 회합·통신, 그 밖의 방법으로 접촉하려면 통일부장관에게 미리 신고해야 한다. 다만, 대통령령으로 정하는 부득이한 사유에 해당하는 경우에는 접촉한 후에 신고할 수 있다.

② 방문증명서를 발급받은 사람이 그 방문 목적의 범위에서 당연히 인정되는 접촉을 하는 경우 등 대통령령으로 정하는 경우에 해당하면 제1항의 접촉신고를 한 것으로 본다.

③ 통일부장관은 제1항 본문에 따라 접촉에 관한 신고를 받은 때는 남북교류·협력을 해칠 명백한 우려가 있거나 국가안전보장, 질서유지 또는 공공복리를 해칠 명백한 우려가 있는 경우에만 신고의 수리(受理)를 거부할 수 있다.

④ 제1항 본문에 따른 접촉신고를 받은 통일부장관은 남북교류·협력의 원활한 추진을 위해 대통령령으로 정하는 바에 따라 북한주민접촉결과

보고서 제출 등 조건을 붙이거나, 3년 이내의 유효기간을 정하여 수리할 수 있다. 다만, 대통령령으로 정하는 가족인 북한주민과의 접촉을 목적으로 하는 경우에는 5년 이내의 유효기간을 정할 수 있다.
⑤ 통일부장관은 필요하다고 인정할 경우 제4항에 따른 유효기간을 3년의 범위에서 연장할 수 있다.
⑥ 제1항에 따른 신고의 절차 등에 관하여 필요한 사항은 대통령령으로 정한다.

제13조(반출·반입의 승인)
① 물품 등을 반출하거나 반입하려는 자는 대통령령으로 정하는 바에 따라 그 물품 등의 품목, 거래형태 및 대금결제 방법 등에 관하여 통일부장관의 승인을 받아야 한다. 승인을 받은 사항 중 대통령령으로 정하는 주요 내용을 변경할 때도 또한 같다.
② 통일부장관은 제1항의 승인 또는 변경승인을 할 때는 중요하다고 인정되는 사항은 미리 관계 행정기관의 장과 협의해야 한다.
③ 통일부장관은 제1항에 따라 반출이나 반입을 승인하는 경우 남북교류·협력의 원활한 추진을 위해 대통령령으로 정하는 바에 따라 반출·반입의 목적 등 조건을 붙이거나, 승인의 유효기간을 정할 수 있다.
④ 통일부장관은 제1항에 따라 반출이나 반입을 승인할 때는 물품 등의 품목, 거래형태 및 대금결제 방법 등에 관하여 일정한 범위를 정하여 포괄적으로 승인할 수 있다.
⑤ 통일부장관은 제1항에 따라 물품 등의 반출이나 반입을 승인받은 자(이하 "교역당사자"라 한다)가 다음 각 호의 어느 하나에 해당하는 경우에는 그 승인을 취소할 수 있다. 다만, 제1호의 경우에는 그 승인을 취소해야 한다.
1. 거짓이나 그 밖의 부정한 방법으로 반출이나 반입을 승인받은 경우
2. 제3항에 따른 조건을 위반한 경우

3. 제14조에 따라 공고된 사항을 위반한 경우

4. 제15조 제1항에 따른 조정명령을 따르지 아니한 경우

5. 제15조 제3항에 따른 보고를 하지 아니하기나 거짓으로 보고한 경우

6. 남북교류·협력을 해칠 명백한 우려가 있는 경우

7. 국가안전보장, 질서유지 또는 공공복리를 해칠 명백한 우려가 있는 경우

제28조의2(과태료)
① 다음 각 호의 어느 하나에 해당하는 자에게는 300만 원 이하의 과태료를 부과한다.

1. 제9조 제8항에 따른 신고를 하지 아니하고 북한을 왕래하거나 거짓이나 그 밖의 부정한 방법으로 신고를 한 자

2. 제9조의2 제1항에 따른 신고를 하지 아니하고 회합·통신, 그 밖의 방법으로 북한의 주민과 접촉하거나 거짓이나 그 밖의 부정한 방법으로 신고를 한 자

3. 제9조의2 제4항 또는 제17조의2 제2항에 따른 조건을 위반한 자

4. 제15조 제3항에 따른 보고를 하지 아니하거나 거짓으로 보고한 자

5. 제18조 제3항에 따른 보고를 하지 아니하거나 거짓으로 보고한 자

6. 제25조의4 제1항에 따른 조사를 정당한 사유 없이 거부·기피·방해하거나 같은 조 제3항에 따른 시정명령을 따르지 아니한 자

② 제1항에 따른 과태료는 대통령령으로 정하는 바에 따라 통일부장관이 부과·징수한다.

질문

입국시 마약을 소지하다가 적발된 경우의 처벌

여러 명이 중국에서 마약을 가지고 들어오다가 공항에서 적발되어 수사를 받고 있는데, 어떤 범죄가 성립하나요?

답변

한국 내에서는 마약류로 지정된 물품의 소지, 소유, 관리, 수출입, 수수, 매매, 매매의 알선 등이 금지되고 있습니다.

이에 위반하여 마약류를 밀반입하려고 하였다면 우선 마약류관리에관한법률 위반이 되고 일정한 경우에 특정범죄가중처벌등에관한법률에 의하여 가중처벌되는 경우도 있습니다.

구체적으로 마약류관리에관한법률에 의하는 경우 마약류로 지정되어 있는 물품을 소지하고 있는 것만으로도 1년 이상의 징역형의 처벌대상이 되며, 단순 소지가 아닌 매매 등의 목적인 경우에는 보다 중한 처벌의 대상이 됩니다. 그리고 반입된 마약류의 가액이 500만 원 이상인 경우에는 특정범죄가중처벌등에관한법률이 적용되어 가중처벌됩니다.

관련법률

마약류관리에관한법률

제3조(일반 행위의 금지) 누구든지 다음 각 호의 어느 하나에 해당하는 행위를 하여서는 아니 된다.

1. 이 법에 따르지 아니한 마약류의 사용

2. 마약의 원료가 되는 식물을 재배하거나 그 성분을 함유하는 원료·종자·종묘(種苗)를 소지, 소유, 관리, 수출입, 수수, 매매 또는 매매의 알선을 하거나 그 성분을 추출하는 행위. 다만, 대통령령으로 정하는 바에 따라 식품의약품안전청장의 승인을 받은 경우는 제외한다.

3. 헤로인, 그 염류(鹽類) 또는 이를 함유하는 것을 소지, 소유, 관리, 수입, 제조, 매매, 매매의 알선, 수수, 운반, 사용, 투약하거나 투약하기 위해 제공하는 행위. 다만, 대통령령으로 정하는 바에 따라 식품의약품안전청장의 승인을 받은 경우는 제외한다.

4. 마약 또는 향정신성의약품을 제조할 목적으로 원료물질을 제조, 수출입, 매매, 매매의 알선, 수수, 소지, 소유 또는 사용하는 행위. 다만, 대통령령으로 정하는 바에 따라 식품의약품안전청장의 승인을 받은 경우는 제외한다.

5. 제2조 제3호가목의 향정신성의약품 또는 이를 함유하는 향정신성의약품을 소지, 소유, 사용, 관리, 수출입, 제조, 매매, 매매의 알선 또는 수수하는 행위. 다만, 대통령령으로 정하는 바에 따라 식품의약품안전청장의 승인을 받은 경우는 제외한다.

6. 제2조 제3호가목의 향정신성의약품의 원료가 되는 식물에서 그 성분을 추출하거나 그 식물을 수출입, 매매, 매매의 알선, 수수, 흡연 또는 섭취하거나 흡연 또는 섭취할 목적으로 그 식물을 소지·소유하는 행위. 다만, 대통령령으로 정하는 바에 따라 식품의약품안전청장의 승인을 받은 경우는 제외한다.

7. 대마를 수입하거나 수출하는 행위. 다만, 마약류취급학술연구자가 대통령령으로 정하는 바에 따라 식품의약품안전청장의 승인을 받아 수입하는 경우는 제외한다.

8. 대마(대마초는 제외한다)를 제조하는 행위. 다만, 마약류취급학술연구자가 대통령령으로 정하는 바에 따라 식품의약품안전청장의 승인을

받아 제조하는 경우는 제외한다.

9. 대마를 매매하거나 매매를 알선하는 행위

10. 다음 각 목의 어느 하나에 해당하는 행위

가. 대마 또는 대마초 종자의 껍질을 흡연 또는 섭취하는 행위

나. 가목의 행위를 할 목적으로 대마, 대마초 종자 또는 대마초 종자의 껍질을 소지하는 행위

다. 가목 또는 나목의 행위를 하려 한다는 정(情)을 알면서 대마초 종자나 대마초 종자의 껍질을 매매하거나 매매를 알선하는 행위

11. 제4조 제1항 또는 제1호부터 제10호까지의 규정에서 금지한 행위를 하기 위한 장소·시설·장비·자금 또는 운반 수단을 타인에게 제공하는 행위

제4조(마약류취급자가 아닌 자의 마약류 취급 금지)

① 마약류취급자가 아니면 다음 각 호의 어느 하나에 해당하는 행위를 하여서는 아니 된다.

1. 마약 또는 향정신성의약품을 소지, 소유, 사용, 운반, 관리, 수입, 수출, 제조, 조제, 투약, 수수, 매매, 매매의 알선 또는 제공하는 행위

2. 대마를 재배·소지·소유·수수·운반·보관 또는 사용하는 행위

3. 마약 또는 향정신성의약품을 기재한 처방전을 발급하는 행위

4. 한외마약을 제조하는 행위

② 제1항에도 불구하고 다음 각 호의 어느 하나에 해당하는 경우에는 마약류취급자가 아닌 자도 마약류를 취급할 수 있다.

1. 이 법에 따라 마약 또는 향정신성의약품을 마약류취급의료업자로부터 투약받아 소지하는 경우

2. 이 법에 따라 마약 또는 향정신성의약품을 마약류소매업자로부터 구입하거나 양수(讓受)하여 소지하는 경우

3. 이 법에 따라 마약류취급자를 위해 마약류를 운반·보관·소지 또는

관리하는 경우

4. 공무상(公務上) 마약류를 압류·수거 또는 몰수하여 관리하는 경우

5. 제13조에 따라 마약류 취급 자격 상실자 등이 마약류취급자에게 그 마약류를 인계하기 전까지 소지하는 경우

6. 그 밖에 보건복지부령으로 정하는 바에 따라 식품의약품안전청장의 승인을 받은 경우

③ 마약류취급자는 이 법에 따르지 아니하고는 마약류를 취급하여서는 아니 된다. 다만, 대통령령으로 정하는 바에 따라 식품의약품안전청장의 승인을 받은 경우에는 그러하지 아니하다.

④ 제2항 제3호에 따라 대마를 운반·보관 또는 소지하는 방법 및 절차에 관하여 필요한 사항은 보건복지부령으로 정한다.

제58조(벌칙)

① 다음 각 호의 어느 하나에 해당하는 자는 무기 또는 5년 이상의 징역에 처한다.

1. 제3조(제5조의2 제5항에서 준용하는 경우를 포함한다. 이하 이 조부터 제61조까지의 규정에서 같다) 제2호·제3호, 제4조 제1항, 제5조의2 제4항(같은 조 제2항에 해당하는 자는 제외한다. 이하 이 장에서 같다), 제18조 제1항 또는 제21조 제1항을 위반하여 마약이나 임시마약을 수출입·제조·매매하거나 매매를 알선한 자 또는 그러할 목적으로 소지·소유한 자

2. 제3조 제4호를 위반하여 마약 또는 향정신성의약품을 제조할 목적으로 그 원료가 되는 물질을 제조·수출입하거나 그러할 목적으로 소지·소유한 자

3. 제3조 제5호를 위반하여 제2조 제3호가목에 해당하는 향정신성의약품 또는 그 물질을 함유하는 향정신성의약품을 제조·수출입·매매·매매의 알선 또는 수수하거나 그러할 목적으로 소지·소유한 자

154

4. 제3조 제6호를 위반하여 제2조 제3호가목에 해당하는 향정신성의약품의 원료가 되는 식물에서 그 성분을 추출한 자 또는 그 식물을 수출입하거나 수출입할 목적으로 소지·소유한 자

5. 제3조 제7호를 위반하여 대마를 수입하거나 수출한 자 또는 그러할 목적으로 대마를 소지·소유한 자

6. 제4조 제1항을 위반하여 제2조 제3호나목에 해당하는 향정신성의약품 또는 그 물질을 함유하는 향정신성의약품을 제조 또는 수출입하거나 그러할 목적으로 소지·소유한 자

7. 제4조 제1항 또는 제5조의2 제4항을 위반하여 미성년자에게 마약이나 임시마약을 수수·조제·투약·제공한 자 또는 향정신성의약품이나 임시향정신성의약품을 매매·수수·조제·투약·제공한 자

② 영리를 목적으로 하거나 상습적으로 제1항의 행위를 한 자는 사형·무기 또는 10년 이상의 징역에 처한다.

③ 제1항과 제2항에 규정된 죄의 미수범은 처벌한다.

④ 제1항(제7호는 제외한다) 및 제2항에 규정된 죄를 범할 목적으로 예비(豫備) 또는 음모한 자는 10년 이하의 징역에 처한다.

제59조(벌칙)

① 다음 각 호의 어느 하나에 해당하는 자는 1년 이상의 유기징역에 처한다. 1. 제3조 제2호를 위반하여 수출입·매매 또는 제조할 목적으로 마약의 원료가 되는 식물을 재배하거나 그 성분을 함유하는 원료·종자·종묘를 소지·소유한 자

2. 제3조 제2호를 위반하여 마약의 성분을 함유하는 원료·종자·종묘를 관리·수수하거나 그 성분을 추출하는 행위를 한 자

3. 제3조 제3호를 위반하여 헤로인이나 그 염류 또는 이를 함유하는 것을 소지·소유·관리·수수·운반·사용 또는 투약하거나 투약하기 위해 제공하는 행위를 한 자

4. 제3조 제4호를 위반하여 마약 또는 향정신성의약품을 제조할 목적으로 그 원료가 되는 물질을 매매하거나 매매를 알선하거나 수수한 자 또는 그러할 목적으로 소지·소유 또는 사용한 자

5. 제3조 제5호를 위반하여 제2조 제3호가목에 해당하는 향정신성의약품 또는 그 물질을 함유하는 향정신성의약품을 소지·소유·사용·관리한 자

6. 제3조 제6호를 위반하여 제2조 제3호가목에 해당하는 향정신성의약품의 원료가 되는 식물을 매매하거나 매매를 알선하거나 수수한 자 또는 그러할 목적으로 소지·소유한 자

7. 제3조 제8호 또는 제9호를 위반하여 대마를 제조하거나 매매·매매의 알선을 한 자 또는 그러할 목적으로 대마를 소지·소유한 자

8. 제3조 제10호 또는 제4조 제1항을 위반하여 미성년자에게 대마를 수수·제공하거나 대마 또는 대마초 종자의 껍질을 흡연 또는 섭취하게 한 자

9. 제4조 제1항 또는 제5조의2 제4항을 위반하여 마약이나 임시마약을 소지·소유·관리 또는 수수하거나 제24조 제1항을 위반하여 한외마약을 제조한 자

10. 제4조 제1항을 위반하여 제2조 제3호다목에 해당하는 향정신성의약품 또는 그 물질을 함유하는 향정신성의약품을 제조 또는 수출입하거나 그러할 목적으로 소지·소유한 자

11. 제4조 제1항 또는 제5조의2 제4항을 위반하여 대마나 임시대마의 수출·매매 또는 제조할 목적으로 대마초나 임시대마초를 재배한 자

12. 제4조 제3항을 위반하여 마약류(대마는 제외한다)를 취급한 자

13. 제18조 제1항·제21조 제1항 또는 제24조 제1항을 위반하여 향정신성의약품을 수출입 또는 제조하거나 의약품을 제조한 자

② 상습적으로 제1항의 죄를 범한 자는 3년 이상의 유기징역에 처한다.

③ 제1항(제5호는 제외한다) 및 제2항에 규정된 죄의 미수범은 처벌한

다.

④ 제1항 제7호의 죄를 범할 목적으로 예비 또는 음모한 자는 10년 이하의 징역에 처한다.

특정범죄가중처벌등에관한법률

제11조(마약사범 등의 가중처벌)

① 「마약류관리에 관한 법률」 제58조 제1항 제1호부터 제4호까지 및 제6호·제7호에 규정된 죄(매매, 수수 및 교부에 관한 죄와 매매목적, 매매 알선목적 또는 수수목적의 소지·소유에 관한 죄는 제외한다) 또는 그 미수죄를 범한 사람은 무기 또는 10년 이상의 징역에 처한다.

② 「마약류관리에 관한 법률」 제59조 제1항부터 제3항까지 및 제60조에 규정된 죄(마약 및 향정신성의약품에 관한 죄만 해당한다)를 범한 사람은 다음 각 호의 구분에 따라 가중처벌한다.

1. 소지·소유·재배·사용·수출입·제조 등을 한 마약 및 향정신성의약품의 가액이 5천만 원 이상인 경우에는 무기 또는 10년 이상의 징역에 처한다.

2. 소지·소유·재배·사용·수출입·제조 등을 한 마약 및 향정신성의약품의 가액이 500만 원 이상 5천만 원 미만인 경우에는 무기 또는 3년 이상의 징역에 처한다.

질문

이혼 재판과 관련하여 판사에게 돈을 준다면서 금원을 편취당한 경우 형사고소 가능 여부

이혼하는 절차를 몰라 아는 사람에게 고민을 털어놓았더니 그 사람이 아는 판사가 있으니 400만 원을 주면 20일 안에 이혼을 시켜 줄 수 있다고 말하길래 그 말을 믿고 400만 원을 주었으나 이혼을 하지 못했습니다. 이 경우 형사고소를 할 수 있나요?

답변

이혼을 하는 방법은 기본적으로 배우자와 이혼을 하기로 합의하거나(협의이혼), 합의가 되지 않은 경우에 가정법원에 소를 제기하여 소송을 통해 이혼을 해야 합니다(재판상이혼).

따라서 아는 판사를 통해 20일 안에 이혼을 시켜줄 수 있다고 말하는 것은 명백한 허위사실이며(사기죄의 기망행위에 해당) 이런 거짓말로 돈을 가로챘다면 이는 사기죄(형법 제347조 제1항)에 해당합니다.

따라서 형사상으로는 금원을 가로챈 자를 형사상 사기로 고소할 수 있고, 민사상으로도 사기를 이유로 위와 같은 의사표시를 취소하고 지급한 400만 원을 돌려 달라고 청구할 수 있습니다(민법 제110조 제1항).

형법

제347조(사기)

① 사람을 기망하여 재물의 교부를 받거나 재산상의 이익을 취득한 자는 10년 이하의 징역 또는 2천만 원 이하의 벌금에 처한다. 〈개정 1995. 12. 29〉 ② 전항의 방법으로 제삼자로 하여금 재물의 교부를 받게 하거나 재산상의 이익을 취득하게 한 때도 전항의 형과 같다.

민법

제110조(사기, 강박에 의한 의사표시)

① 사기나 강박에 의한 의사표시는 취소할 수 있다.

② 상대방 있는 의사표시에 관하여 제삼자가 사기나 강박을 행한 경우에는 상대방이 그 사실을 알았거나 알 수 있었을 경우에 한하여 그 의사표시를 취소할 수 있다.

③ 전2항의 의사표시의 취소는 선의의 제삼자에게 대항하지 못한다.

위조된 여권을 사용하다가 적발된 경우

미국에 가기 위해 브로커에게 여권 등 관련서류의 작성을 맡겼습니다. 여권을 받으러 갔더니 브로커가 이름, 학교, 주소가 다르게 작성되었으니 대사관에 가서 인터뷰를 할 때 다른 내용으로 말하라고 했습니다. 그런데 인터뷰 도중 위조 여권이라는 사실이 발각되어 경찰에 체포되었습니다. 어떤 처벌을 받게 될까요?

답변

1. 만일, 여권 발급에 있어서, 허위의 이름, 주소를 기입하여 여권을 발급받은 경우라면 이는 여권법 위반죄(3년 이하의 징역 또는 700만 원 이하의 벌금)에 해당할 것이고,

2. 그렇지 아니하고, 여권을 위조한 것이라면 형법상 공문서위조죄(10년 이하의 징역)에 해당하고, 이러한 위조 여권을 사용한 경우에는 위조공문서행사죄(10년 이하의 징역)에 해당합니다.

위 중 (1)의 경우와 관련하여, 만약 북한이탈주민이 이름, 주소를 허위로 기입하여 여권을 발급받는다는 사실을 몰랐고 브로커가 임의로 이러한 행위를 한 경우에는 북한이탈주민에게는 죄가 성립하지 않을 수도 있으나, 위와 같은 업무를 처리하는 경우 브로커에게 돈을 주고 관련서류 일체를 맡긴 경우에 브로커가 허위사실을 기재한다는 사실을 몰랐다는 것이 입증되기 어려운 경우가 많습니다. 이러한 경우 북한이탈주민은 위조여권에 관하여 브로커와 모의한 것으로 되어 공범으로 처벌받게 됩

니다.

그리고 여권 위조 행위 자체와 위조된 여권을 행사한 행위는 별도의 행위이므로, 각각 처벌 대상이 됨을 유의하시기 바랍니다.

관련법률

여권법

제16조(여권의 부정한 발급·행사 등의 금지)

누구든지 다음 각 호에 해당하는 행위를 하여서는 아니 된다.

1. 여권의 발급이나 재발급을 받기 위해 제출한 서류에 거짓된 사실을 적거나 그 밖의 부정한 방법으로 여권의 발급·재발급을 받는 행위나 이를 알선하는 행위

2. 다른 사람 명의의 여권을 사용하는 행위

3. 사용하게 할 목적으로 여권을 다른 사람에게 양도·대여하거나 이를 알선하는 행위

4. 사용할 목적으로 다른 사람 명의의 여권을 양도받거나 대여받는 행위

5. 채무이행의 담보로 여권을 제공하거나 제공받는 행위

제24조(벌칙) 제16조 제1호(제14조 제3항에 따라 준용되는 경우를 포함한다)를 위반하여 여권 등의 발급이나 재발급을 받기 위해 제출한 서류에 거짓된 사실을 적은 사람, 그 밖의 부정한 방법으로 여권 등의 발급, 재발급을 받은 사람이나 이를 알선한 사람은 3년 이하의 징역 또는 700만 원 이하의 벌금에 처한다.

제25조(벌칙) 다음 각 호의 어느 하나에 해당하는 사람은 2년 이하의 징역 또는 500만 원 이하의 벌금에 처한다.

1. 제16조 제2호(제14조 제3항에 따라 준용되는 경우를 포함한다)를 위반하여 다른 사람 명의의 여권 등을 사용한 사람

2. 제16조 제3호(제14조 제3항에 따라 준용되는 경우를 포함한다)를 위반하여 사용하게 할 목적으로 여권 등을 다른 사람에게 양도·대여하거나 이를 알선한 사람

질문

다른 사람이 자신의 인감증명서로 대출받은 경우

저는 중국에 있는 아이를 데리고 오기 위해 서류를 대행하는 사람을 소개받았습니다. 그 사람이 인감증명서가 필요하다고 하여 발급해주었는데 그 사람이 제가 발급해준 인감증명서로 대출을 받았다는 것을 알게 되었습니다. 이 사람을 형사고소할 수 있나요? 그리고 제가 위 대출금을 갚아야 하나요?

답변

북한이탈주민의 아이를 데려오기 위한 목적으로 인감증명서를 제공하였는데 이를 이용하여 대출을 받은 경우라면 형사상으로 사기죄에 해당하므로, 상대방을 형사고소할 수 있습니다.

한편, 형사고소와 별도로 민사상 상대방이 인감증명서를 이용하여 대출을 받은 대출금을 갚아야 하는 것인지 문제될 수 있는데, 상대방이 북한이탈주민의 인감증명서를 가지고 있었다는 이유만으로 그 대출약정을 대리한 것으로 볼 수는 없으므로 법률효과, 즉 대출약정의 효과가 북한이탈주민에게 미치지는 않는다고 보아야 할 것입니다. 만일 해당 금융기관이 대출금 변제를 요구할 경우에는 상대방이 인감증명서를 당초 예정된 목적 외로 사용하였음을 입증한다면 변제할 책임은 없습니다.

• 참고 판결

광주고등법원 1975. 1. 24. 선고 74나176 거주확인에 필요하다는 구실로 타인의 인장과 인감증명서를 교부받아 이를 연대보증서에 사용한 경우 타인의 인장과 인감증명서를 소지하고 있었다는 사정만으로 대리권이 있다고 믿을 만한 정당한 이유가 있는 때 해당한다고 볼 수 없다)

돈을 빌린 사람이 원금 및 이자도 주지 않는 경우

저보다 먼저 딸 2명이 남한에 왔습니다. 큰딸 친구의 소개로 한 달에 5%의 이자를 주는 곳을 소개받았습니다. 처음에 500만 원을 맡겨보니 다달이 25만원씩 들어오길래 은행에 있는 돈을 모두 찾아 맡기게 되었습니다. 돈을 맡길 때 계약서는 받아두었습니다. 그런데 3개월 동안은 제대로 이자가 들어오더니 이후부터 계속 이자가 들어오지 않습니다. 원금이라도 찾았으면 좋겠는데 돈을 맡겼던 사람을 만날 수가 없습니다. 방법이 없을까요?

답변

돈을 빌린 사람이 처음부터 원금 및 이자를 지급할 의사가 없이 북한이탈주민의 돈을 빌린 것이라면 이것은 형사상 사기죄에 해당하므로, 형사 고소를 할 수 있습니다.

　참고로 현재 거주를 알 수 없는 경우라면, 형사 고소를 하여 경찰 수사 절차상 채무자의 신원이 확보되기를 기대할 수도 있습니다.

　한편, 돈을 돌려받기 위해 별도 민사 소송을 제기할 수도 있을 것이나, 소송에서 승소한다고 하더라도 채무자의 재산 등이 확보되지 아니하면 실제로는 돈을 받지 못할 가능성이 높습니다.

질문

동거남이 통장의 돈을 모두 인출해 간 경우

제가 20만 원만 빌려달라는 동거남에게 통장 비밀번호를 알려주었는데 동거남은 통장에 들어 있던 전 재산 700만 원 모두 가져갔습니다. 경찰에 신고했는데 경찰은 문제 삼지 않습니다. 돈을 다시 찾을 수 있을까요?

답변

통장에서 20만 원을 인출하라며 통장을 주면서 통장비밀번호를 알려준 경우 통장에서 돈을 인출할 권한을 준 것이기는 하지만 그 권한범위를 훨씬 초과하는 700만 원을 인출하여 간 경우이므로 이러한 경우 형사상 사기죄 등이 성립할 수 있습니다.

참고로, 대법원은 예금주인 현금카드 소유자로부터 일정한 금액의 현금을 인출해 오라는 부탁을 받으면서 이와 함께 현금카드를 건네받은 것을 기화로 그 위임을 받은 금액을 초과하여 현금을 인출하는 방법으로 그 차액 상당을 위법하게 이득할 의사로 현금자동지급기에 그 초과된 금액이 인출되도록 입력하여 그 초과된 금액의 현금을 인출한 경우에는 컴퓨터 등 사용사기죄에 해당된다(대법원 2006. 3. 24. 선고 2005도3516) 고 판시하고 있습니다.

따라서 사안의 경우에도 사기죄 등이 성립할 수 있습니다.

한편 신고에도 불구하고, 경찰에서 이를 문제 삼지 않았다면, 이는 범인과 피해자 사이의 특수한 관계가 있고 범죄피해자의 명시적인 처벌의사가 없어서 경찰에서 문제 삼지 않았을 가능성이 있으므로, 별도의 고소장을 제출하여 처벌의 명백한 의사를 밝힐 필요가 있습니다.

166

위장결혼을 해달라고 부탁받은 경우

저는 식당에서 일을 하며 조선족(중국 국적자)을 알게 되었습니다. 이 사람은 남한에서 불법체류를 하고 있는데 저와 혼인하기를 원합니다. 사람도 잘 모르고 해서 제가 혼인하지 못하겠다고 하자 북한에 탈북사실을 알리겠다고 협박도 하고, 2년 동안만 혼인하는 것으로 해달라고 부탁도 합니다. 제가 이 사람의 부탁을 들어주어도 될까요?

답변

위 사안의 조선족이 북한이탈주민에게 혼인을 요구하는 이유는 대한민국 국적자와 혼인을 하여 간이귀화를 하기 위한 것으로 보입니다.

간이귀화란 외국인 대한민국국적을 가진 자와 혼인함으로써 일반적인 귀화 요건을 엄격하게 갖추지 않고도 상대적으로 단기간에 대한민국 국적을 취득할 수 있는 귀화절차를 말합니다.

따라서 간이귀화를 목적으로 혼인하는 것은 진정한 혼인의 의사 없이 결혼을 하는 것이므로 위장결혼에 해당하고, 이러한 위장결혼의 혼인신고를 하는 경우에는 형법상 공정증서원본부실기재죄 및 부실기재공정증서행사죄가 성립합니다.

따라서 진정한 혼인의 의사 없이 단순히 귀화 등을 목적으로 한 위장결혼의 목적이라면 이러한 부탁은 들어주어서는 안 될 것입니다.

형법

제228조(공정증서원본 등의 부실기재)

① 공무원에 대하여 허위신고를 하여 공정증서원본 또는 이와 동일한 전자기록 등 특수매체기록에 부실의 사실을 기재 또는 기록하게 한 자는 5년 이하의 징역 또는 1천만 원 이하의 벌금에 처한다.

② 공무원에 대하여 허위신고를 하여 면허증, 허가증, 등록증 또는 여권에 부실의 사실을 기재하게 한 자는 3년 이하의 징역 또는 700만 원 이하의 벌금에 처한다.

제229조(위조 등 공문서의 행사) 제225조 내지 제228조의 죄에 의하여 만들어진 문서, 도화, 전자기록 등 특수매체기록, 공정증서원본, 면허증, 허가증, 등록증 또는 여권을 행사한 자는 그 각 죄에 정한 형에 처한다.

질문

허위로 고용지원금을 받은 경우

저는 북한이탈주민인데 아직 취직을 하지 못하고 있습니다. 그러던 어느 날 甲이라는 사람이 저를 찾아와서 자신이 운영하는 회사에 취직한 것처럼 서류를 꾸며 통일부에서 지원하는 고용지원금을 받게 해주면 저에게 매달 일정액을 준다고 하였습니다. 그 제안을 받아들이고 甲으로부터 매달 일정액을 받았는데 형사처벌을 받게 되나요?

답변

북한이탈주민을 고용한 사람은 국가로부터 고용지원금을 지원받을 수 있습니다(북한이탈주민보호및정착지원에관한법률 제17조 제3항).

그런데 만일 북한이탈주민을 실제로 고용하지 않았으면서 고용한 것처럼 서류를 작성하여 국가로부터 고용지원금을 받는 경우, 북한이탈주민보호및정착지원에관한법률 벌칙 제33조에 의하여 사업주는 형사처벌을 받고, 이러한 사업주의 행위를 도와준 북한이탈주민 역시 위 법에 의하여 형사처벌(5년 이하의 징역 1천만 원 이하의 벌금)을 받습니다.

관련법률

북한이탈주민보호및정착지원에관한법률

제17조(취업보호 등)

① 통일부장관은 보호대상자가 정착지원시설로부터 그의 거주지로 전입한 후 대통령령으로 정하는 바에 따라 최초로 취업한 날부터 2년간 취업

보호를 실시한다. 다만, 사회적 취약계층, 장기근속자 등 취업보호 기간을 연장할 필요가 있는 경우로서 대통령령으로 정하는 사유에 해당하는 경우에는 1년의 범위에서 취업보호 기간을 연장할 수 있다.

② 제1항에 따른 취업보호 기간은 실제 취업일수를 기준으로 하여 정한다.

③ 통일부장관은 제1항에 따른 보호대상자(이하 "취업보호대상자"라 한다)를 고용한 사업주에 대하여는 대통령령으로 정하는 바에 따라 그 취업보호대상자 임금의 2분의 1의 범위에서 고용지원금을 지급할 수 있다.

④ 사업주가 취업보호대상자를 고용할 때는 그 취업보호대상자가 북한을 벗어나기 전의 직위, 담당 직무 및 경력 등을 고려해야 한다.

⑤ 통일부장관은 취업보호대상자의 고용과 관련하여 모범이 되는 사업주에 대하여는 대통령령으로 정하는 바에 따라 생산품 우선 구매 등의 지원을 할 수 있다.

⑥ 통일부장관은 대통령령으로 정하는 바에 따라 보호대상자의 취업을 알선할 수 있다.

〔전문개정 2010. 3. 26〕

제17조의2(취업보호의 제한)
① 통일부장관은 취업보호대상자가 다음 각 호의 어느 하나에 해당하는 경우에는 제17조 제1항에도 불구하고 대통령령으로 정하는 바에 따라 일정 기간 취업보호를 제한할 수 있다.

1. 취업한 후 정당한 사유 없이 대통령령으로 정하는 기간 동안 근무하지 아니하고 자의로 퇴직한 경우

2. 근무태만, 직무유기 또는 부정행위 등의 사유로 징계에 의하여 면직된 경우

② 통일부장관은 취업보호대상자가 거짓이나 그 밖의 부정한 방법으로 사업주로 하여금 제17조 제3항의 고용지원금을 받게 한 때는 협의회의 심의를 거쳐 취업보호를 중지하거나 종료할 수 있다.

③ 통일부장관은 제2항에 따라 취업보호를 중지하거나 종료한 때는 그 사유를 구체적으로 밝혀 해당 취업보호대상자에게 알려야 한다.

제33조(벌칙)

① 거짓이나 그 밖의 부정한 방법으로 이 법에 따른 보호 및 지원을 받거나 다른 사람으로 하여금 보호 및 지원을 받게 한 자는 5년 이하의 징역 또는 1천만 원 이하의 벌금에 처한다.

② 이 법에 따른 업무와 관련하여 알게 된 정보 또는 자료를 정당한 사유 없이 이 법에 따른 업무 외의 목적에 이용한 자는 1년 이하의 징역 또는 200만 원 이하의 벌금에 처한다.

③ 제1항 또는 제2항에 따라 받은 재물이나 재산상의 이익은 몰수한다. 몰수할 수 없을 때는 그 가액을 추징한다.

④ 제1항의 미수범은 처벌한다.

〔전문개정 2010. 3. 26〕

폭행 혐의로 검찰에서 약식기소하였다는
통보를 받은 경우

친구와 사소한 일로 시비가 붙어 몸싸움을 하였습니다. 서로 맨주먹으로 때렸는데 저도 그 친구에게 맞아서 멍이 들었습니다. 하지만 저는 친구 사이이고 해서 고소하지 않았는데 그 친구는 저를 폭행죄로 고소하였습니다. 검찰에서 벌금 100만 원으로 기소하였다는 통보를 받았는데 아직 법원에서 판결은 받지 않았습니다. 저는 어떻게 되는 것이고, 그 친구를 어떻게 해야 할까요?

답변

사람을 폭행한 경우에는 폭행죄가 되어 형사처벌을 받습니다(형법 제 260조 제1항). 위와 같이 서로 싸움을 한 경우에는 두 사람 모두 폭행죄 가 됩니다(만약 상대방이 병원에서 상해를 입었다는 진단서까지 발급받았 다면 한 사람은 상해죄, 다른 한 사람은 폭행죄가 됩니다).

그러므로 위와 같은 경우에 억울하다면 상대방을 폭행죄로 고소할 수 있 지만, 그렇다하더라도 본인이 폭행죄에 해당하는 점은 마찬가지입니다.

다만, 위험한 물건이나 칼 등의 흉기를 휴대하지 않고 그냥 상대방을 폭행한 경우라면 상대방이 처벌을 원하지 않는 의사표시를 한다면 처벌 받지 않을 수 있습니다(형법 제260조 제3항). 즉, 검찰이 기소하기 전에 합의서를 제출한다면 공소권 없음이라는 불기소처분을 받아 아무런 형사 처벌을 받지 않게 되고, 기소가 된 후에 합의서를 법원에 제출한다면 공소기각판결을 받아 형사처벌을 받지 않을 수 있는 것입니다.

위의 경우 검찰로부터 기소관련 통보를 받았다면 폭행죄로 기소가 되었다는 것인데, 아직 법원에서 판결이 나지 않았으므로 합의서를 법원에 제출한다면 형사처벌을 받지 않을 수 있습니다.

관련법률

형법

제260조(폭행, 존속폭행)

① 사람의 신체에 대하여 폭행을 가한 자는 2년 이하의 징역, 500만 원 이하의 벌금, 구류 또는 과료에 처한다.

② 자기 또는 배우자의 직계존속에 대하여 제1항의 죄를 범한 때는 5년 이하의 징역 또는 700만 원 이하의 벌금에 처한다.

③ 제1항 및 제2항의 죄는 피해자의 명시한 의사에 반하여 공소를 제기할 수 없다.

질문

다른 사람으로부터 상해를 입은 경우 보상받는 방법

애인에게 헤어지자고 했더니 화가 난 애인이 폭행해서, 전치 3주의 진단이 나왔고 치료비가 200만 원이 나왔습니다. 전 애인은 치료비를 줄 수 없다고 합니다. 맞은 것도 억울한데 치료비조차 물어주지 않겠다니 너무 화가 납니다. 애인을 상해죄로 고소하였습니다. 어떻게 치료비를 받을 수 있나요?

답변

본건의 경우에 상해에 대하여 형사고소를 함과 동시에, 치료비 및 위자료 등에 대하여 민사소송을 제기할 수 있습니다.

한편 민사소송 외에 형사절차에서 치료비 등을 받는 방안으로,

두 가지 방법을 생각할 수 있습니다. ① 가해자가 돈이 있으면서 단지 주기 싫어서 주지 않는 경우라면 배상명령절차를, ② 가해자가 치료비를 주지 않는 이유가 돈이 없기 때문이라면 범죄피해자구조제도를 각 이용할 수 있습니다. 아래에서는 두 제도에 대해 상세히 알아보도록 하겠습니다.

1. 배상명령절차

배상명령절차란 법원이 직권 또는 피해자의 신청에 의하여 피고인에게 범죄행위로 인하여 발생한 손해의 배상을 명하는 절차입니다. 즉, 형

사절차에서 손해배상까지 판단하여 민사소송에 의한 불편함을 해소하고 신속하게 피해를 변상받게 해주기 위한 것입니다.

하지만 배상명령을 할 수 있는 사건은 몇 가지로 제한되어 있습니다. 즉, 상해죄, 중상해죄, 상해치사죄, 폭행치사상죄, 과실치사상죄, 절도죄, 강도죄, 사기죄, 공갈죄, 횡령죄, 배임죄, 손괴죄로 피해를 입었을 경우여야 합니다(소송촉진등에관한특례법 제25조 제1항). 하지만 이 외의 범죄라 하더라도 피고인과 피해자 사이에 손해배상액에 대하여 합의가 이루어졌다면 배상명령신청을 할 수 있습니다(같은법 제25조 제2항).

배상명령은 위의 범죄에 의하여 '유죄판결'을 선고한 경우에 할 수 있으므로, 무죄, 면소, 공소기각 판결이 나면 이 제도에 의한 배상을 받을 수 없습니다. 또한, 위의 범죄행위로 인하여 발생한 직접적인 물적 피해와 치료비 손해, 위자료의 배상만 받을 수 있고 정신적 손해에 대한 위자료는 배상명령에 의해서는 배상받을 수 없습니다(정신적 손해에 대한 위자료는 민사소송을 통해 별도로 받아야 합니다).

배상명령은 형사재판을 하는 법원이 보았을 때 필요하다고 인정하여 피해자의 신청이 없더라도 배상명령(이를 '법원 직권'이라 표현합니다)을 할 수도 있지만, 피해자가 신청할 수도 있습니다. 피해자는 가해자에 대한 형사재판이 이루어지고 있는 법원에 배상명령을 신청할 수 있습니다. 통상 법원에 구비되어 있는 서면을 통해 신청하지만, 증인으로 법정에 출석한 때는 말로써 신청할 수도 있습니다. 주의할 것은, 배상신청은 민사소송의 소제기와 같은 효력이 있으므로 위의 범죄행위로 인하여 발생한 피해에 관하여 다른 절차에 의한 손해배상청구가 법원에 계속 중인 때는 배상신청을 할 수 없다는 것입니다.

피해자가 배상명령신청을 한 경우 법원은 가해자에 대해 유죄판결을 선고하더라도 배상신청을 받아들이지 않을 수도 있습니다. 이러한 경우에는 민사소송을 제기하여 받아내면 됩니다. 반대로, 피해자가 200만 원의 배상명령을 신청하였는데 법원이 배상신청을 받아들여서 가해자에게 150만 원을 지급하라는 판결을 내리는 경우 그 150만 원에 대해서는 피해자는 민사소송 등 다른 손해배상을 청구할 수 없으나, 나머지 50만 원에 대해서는 민사소송을 제기하여 받아낼 수 있습니다.

2. 범죄피해자구조제도

앞에서 본 배상명령절차는 가해자가 재산이 없을 때는 아무 소용이 없습니다. 그래서 우리 헌법 제30조는 '타인의 범죄행위로 인하여 생명, 신체에 대한 피해를 받은 국민은 법률이 정하는 바에 의하여 국가로부터 구조를 받을 수 있다'고 규정하고 있고, 이러한 헌법에 따라 범죄피해자 보호법이 마련되었습니다.

범죄피해자보호법에 의하면 대한민국의 영역 안에서 또는 대한민국의 영역 밖에 있는 대한민국의 선박이나 항공기 안에서 행하여진 사람의 생명 또는 신체를 해치는 죄에 해당하는 행위(정당방위, 정당행위, 과실로 인한 행위는 제외)로 인하여 사망하거나 장해 또는 중상해를 입은 경우 국가에게 구조금지급을 요청할 수 있는 제도입니다.

그러나 피해자와 가해자 간에 친족관계에 있거나, 피해자가 범죄행위를 유발하였거나 피해발생에 관하여 피해자에게 귀책사유가 있는 경우, 기타 사회통념상 구조금을 지급하지 아니함이 상당하다고 인정되는 경우 등에는 구조금의 전부 또는 일부를 지급하지 않을 수 있습니다.

범죄피해자구조제도에 의한 구조금을 지급받고자 하는 자는 해당 구조대상 범죄피해의 발생을 안 날부터 3년이 지나거나 해당 구조대상 범죄피해가 발생한 날부터 10년이 지나기 전에 신청자의 주소지, 거주지 또는 범죄 발생지를 관할하는 지방검찰청 내에 설치되어 있는 범죄피해자구조심의회에 신청하면 됩니다.

3. 본 사안의 경우

본 사안에서 피해자는 상해를 입은 것으로 보입니다. 이 경우 피해자는 경찰서나 검찰청에 가해자를 상해죄로 신고하면 가해자가 경찰, 검찰에서 조사를 받은 뒤에 검찰로부터 기소를 당하여 가해자에 대한 형사재판이 이루어질 것입니다.

이 경우 가해자가 재산이 있으면서도 치료비를 지급하지 않는 경우라면 가해자에 대한 형사재판이 이루어지고 있는 법원에 배상명령신청을 하면 됩니다. 이로 인해 치료비를 모두 지급받지 못했거나, 별도로 정신적 위자료를 청구하고 싶다면 민사소송을 별도로 제기하면 됩니다.

만약 가해자가 재산이 없어서 치료비를 지급하지 않는 것이라면 범죄피해자구조제도를 생각해볼 수 있겠지만, 위 사안의 경우 피해자가 장해나 중장해를 입은 것으로는 보이지 않으므로 이 제도를 이용하기는 힘들 것 같습니다.

관련법률

소송촉진등에관한특례법

제25조(배상명령)

① 제1심 또는 제2심의 형사공판 절차에서 「형법」 제257조 제1항, 제258조 제1항 및 제2항, 제259조 제1항, 제262조(존속폭행치사상의 죄는 제외한다), 같은 법 제26장, 제32장(제304조의 죄는 제외한다), 제38장부터 제40장까지 및 제42장에 규정된 죄에 관하여 유죄판결을 선고할 경우, 법원은 직권에 의하여 또는 피해자나 그 상속인(이하 "피해자"라 한다)의 신청에 의하여 피고사건의 범죄행위로 인하여 발생한 직접적인 물적(物的) 피해, 치료비 손해 및 위자료의 배상을 명할 수 있다.

② 법원은 제1항에 규정된 죄 및 그 외의 죄에 대한 피고사건에서 피고

인과 피해자 사이에 합의된 손해배상액에 관하여도 제1항에 따라 배상을 명할 수 있다.

③ 법원은 다음 각 호의 어느 하나에 해당하는 경우에는 배상명령을 하여서는 아니 된다.

1. 피해자의 성명·주소가 분명하지 아니한 경우

2. 피해 금액이 특정되지 아니한 경우

3. 피고인의 배상책임의 유무 또는 그 범위가 명백하지 아니한 경우

4. 배상명령으로 인하여 공판절차가 현저히 지연될 우려가 있거나 형사소송 절차에서 배상명령을 하는 것이 타당하지 아니하다고 인정되는 경우

제25조의2(배상신청의 통지)

검사는 제25조 제1항에 규정된 죄로 공소를 제기한 경우에는 지체 없이 피해자 또는 그 법정대리인(피해자가 사망한 경우에는 그 배우자·직계친족·형제자매를 포함한다)에게 제26조 제1항에 따라 배상신청을 할 수 있음을 통지해야 한다.

제26조 (배상신청)

① 피해자는 제1심 또는 제2심 공판의 변론이 종결될 때까지 사건이 계속(係屬)된 법원에 제25조에 따른 피해배상을 신청할 수 있다. 이 경우 신청서에 인지(印紙)를 붙이지 아니한다.

② 피해자는 배상신청을 할 때는 신청서와 상대방 피고인 수만큼의 신청서 부본(副本)을 제출해야 한다.

③ 신청서에는 다음 각 호의 사항을 적고 신청인 또는 대리인이 서명·날인해야 한다.

1. 피고사건의 번호, 사건명 및 사건이 계속된 법원

2. 신청인의 성명과 주소

3. 대리인이 신청할 때는 그 대리인의 성명과 주소

4. 상대방 피고인의 성명과 주소

5. 배상의 대상과 그 내용

6. 배상 청구 금액

④ 신청서에는 필요한 증거서류를 첨부할 수 있다.

⑤ 피해자가 증인으로 법정에 출석한 경우에는 말로써 배상을 신청할 수 있다. 이때는 공판조서(公判調書)에 신청의 취지를 적어야 한다.

⑥ 신청인은 배상명령이 확정되기 전까지는 언제든지 배상신청을 취하(取下)할 수 있다.

⑦ 피해자는 피고사건의 범죄행위로 인하여 발생한 피해에 관하여 다른 절차에 따른 손해배상청구가 법원에 계속 중일 때는 배상신청을 할 수 없다.

⑧ 배상신청은 민사소송에서의 소의 제기와 동일한 효력이 있다.

제27조(대리인)

① 피해자는 법원의 허가를 받아 그의 배우자, 직계혈족(直系血族) 또는 형제자매에게 배상신청에 관하여 소송행위를 대리하게 할 수 있다.

② 피고인의 변호인은 배상신청에 관하여 피고인의 대리인으로서 소송행위를 할 수 있다.

제28조(피고인에 대한 신청서 부본의 송달)

법원은 서면에 의한 배상신청이 있을 때는 지체 없이 그 신청서 부본을 피고인에게 송달해야 한다.

제29조(공판기일 통지)

① 법원은 배상신청이 있을 때는 신청인에게 공판기일을 알려야 한다.

② 신청인이 공판기일을 통지받고도 출석하지 아니하였을 때는 신청인의 진술 없이 재판할 수 있다.

제 30조(기록의 열람과 증거조사)

① 신청인 및 그 대리인은 공판절차를 현저히 지연시키지 아니하는 범위에서 재판장의 허가를 받아 소송기록을 열람할 수 있고, 공판기일에 피고인이나 증인을 신문(訊問)할 수 있으며, 그 밖에 필요한 증거를 제출할 수 있다.

② 제 1항의 허가를 하지 아니한 재판에 대하여는 불복(不服)을 신청하지 못한다.

제 31조(배상명령의 선고 등)

① 배상명령은 유죄판결의 선고와 동시에 해야 한다.

② 배상명령은 일정액의 금전 지급을 명함으로써 하고 배상의 대상과 금액을 유죄판결의 주문(主文)에 표시해야 한다. 배상명령의 이유는 특히 필요하다고 인정되는 경우가 아니면 적지 아니한다.

③ 배상명령은 가집행(假執行)할 수 있음을 선고할 수 있다.

④ 제 3항에 따른 가집행선고에 관하여는 「민사소송법」 제 213조 제 3항, 제 215조, 제 500조 및 제 501조를 준용한다.

⑤ 배상명령을 하였을 때는 유죄판결서의 정본(正本)을 피고인과 피해자에게 지체 없이 송달해야 한다.

제 32조(배상신청의 각하)

① 법원은 다음 각 호의 어느 하나에 해당하는 경우에는 결정(決定)으로 배상신청을 각하(却下)해야 한다.

1. 배상신청이 적법하지 아니한 경우

2. 배상신청이 이유 없다고 인정되는 경우

3. 배상명령을 하는 것이 타당하지 아니하다고 인정되는 경우

② 유죄판결의 선고와 동시에 제 1항의 재판을 할 때는 이를 유죄판결의 주문에 표시할 수 있다.

③ 배상신청을 각하하거나 그 일부를 인용(認容)한 재판에 대하여 신청인은 불복을 신청하지 못하며, 다시 동일한 배상신청을 할 수 없다.

제33조(불복)
① 유죄판결에 대한 상소가 제기된 경우에는 배상명령은 피고사건과 함께 상소심(上訴審)으로 이심(移審)된다.
② 상소심에서 원심(原審)의 유죄판결을 파기하고 피고사건에 대하여 무죄, 면소(免訴) 또는 공소기각(公訴棄却)의 재판을 할 때는 원심의 배상명령을 취소해야 한다. 이 경우 상소심에서 원심의 배상명령을 취소하지 아니한 경우에는 그 배상명령을 취소한 것으로 본다.
③ 원심에서 제25조 제2항에 따라 배상명령을 하였을 때는 제2항을 적용하지 아니한다.
④ 상소심에서 원심판결을 유지하는 경우에도 원심의 배상명령을 취소하거나 변경할 수 있다.
⑤ 피고인은 유죄판결에 대하여 상소를 제기하지 아니하고 배상명령에 대하여만 상소 제기기간에 「형사소송법」에 따른 즉시항고(卽時抗告)를 할 수 있다. 다만, 즉시항고 제기 후 상소권자의 적법한 상소가 있는 경우에는 즉시항고는 취하된 것으로 본다.

제34조(배상명령의 효력과 강제집행)
① 확정된 배상명령 또는 가집행선고가 있는 배상명령이 기재된 유죄판결서의 정본은 「민사집행법」에 따른 강제집행에 관하여는 집행력 있는 민사판결 정본과 동일한 효력이 있다.
② 이 법에 따른 배상명령이 확정된 경우 피해자는 그 인용된 금액의 범위에서 다른 절차에 따른 손해배상을 청구할 수 없다.
③ 지방법원이 민사지방법원과 형사지방법원으로 분리 설치된 경우에 배상명령에 따른 청구에 관한 이의의 소는 형사지방법원의 소재지를 관

할하는 민사지방법원을 제1심 판결법원으로 한다.

④ 청구에 대한 이의의 주장에 관하여는 「민사집행법」 제44조 제2항에 규정된 제한에 따르지 아니한다.

제35조(소송비용)

배상명령의 절차비용은 특별히 그 비용을 부담할 자를 정한 경우를 제외하고는 국고의 부담으로 한다.

제36조(민사상 다툼에 관한 형사소송 절차에서의 화해)

① 형사피고사건의 피고인과 피해자 사이에 민사상 다툼(해당 피고사건과 관련된 피해에 관한 다툼을 포함하는 경우로 한정한다)에 관하여 합의한 경우, 피고인과 피해자는 그 피고사건이 계속 중인 제1심 또는 제2심 법원에 합의 사실을 공판조서에 기재하여 줄 것을 공동으로 신청할 수 있다.

② 제1항의 합의가 피고인의 피해자에 대한 금전 지불을 내용으로 하는 경우에 피고인 외의 자가 피해자에 대하여 그 지불을 보증하거나 연대하여 의무를 부담하기로 합의하였을 때는 제1항의 신청과 동시에 그 피고인 외의 자는 피고인 및 피해자와 공동으로 그 취지를 공판조서에 기재하여 줄 것을 신청할 수 있다.

③ 제1항 및 제2항에 따른 신청은 변론이 종결되기 전까지 공판기일에 출석하여 서면으로 해야 한다.

④ 제3항에 따른 서면에는 해당 신청과 관련된 합의 및 그 합의가 이루어진 민사상 다툼의 목적인 권리를 특정할 수 있는 충분한 사실을 적어야 한다.

⑤ 합의가 기재된 공판조서의 효력 및 화해비용에 관하여는 「민사소송법」 제220조 및 제389조를 준용한다.

제37조(화해기록)

① 제36조 제1항 또는 제2항에 따른 신청에 따라 공판조서에 기재된 합의를 한 자나 이해관계를 소명(疎明)한 제3자는「형사소송법」제55조에도 불구하고 대법원규칙으로 정하는 바에 따라 법원서기관, 법원사무관, 법원주사 또는 법원주사보(이하 "법원사무관등"이라 한다)에게 다음 각 호의 사항을 신청할 수 있다.

1. 다음 각 목에 해당하는 서류(이하 "화해기록"이라 한다)의 열람 또는 복사

가. 해당 공판조서(해당 합의 및 그 합의가 이루어진 민사상 다툼의 목적인 권리를 특정할 수 있는 충분한 사실이 기재된 부분으로 한정한다)

나. 해당 신청과 관련된 제36조 제3항에 따른 서면

다. 그 밖에 해당 합의에 관한 기록

2. 조서의 정본·등본 또는 초본의 발급

3. 화해에 관한 사항의 증명서의 발급

② 제1항에 따라 신청하는 자는 대법원규칙으로 정하는 바에 따라 수수료를 내야 한다.

③ 제1항 각 호의 신청에 관한 법원사무관등의 처분에 대한 이의신청은「민사소송법」제223조의 예에 따르고, 화해기록에 관한 비밀보호를 위한 열람 등의 제한 절차는 같은 법 제163조의 예에 따른다.

④ 화해기록은 형사피고사건이 종결된 후에는 그 피고사건의 제1심 법원에서 보관한다.

제38조(화해 절차 당사자 등에 관한「민사소송법」의 준용)

제36조 및 제37조에 따른 민사상 다툼에 관한 형사소송 절차에서의 화해 절차의 당사자 및 대리인에 관하여는 그 성질에 반하지 아니하면「민사소송법」제1편 제2장 제1절(선정당사자 및 특별대리인에 관한 규정은 제외한다) 및 제4절을 준용한다.

제39조(집행문 부여의 소 등에 대한 관할 특칙)

제36조에 따른 민사상 다툼에 관한 형사소송 절차에서의 화해에 관련된 집행문 부여의 소, 청구에 관한 이의의 소 또는 집행문 부여에 대한 이의의 소에 대하여는 「민사집행법」 제33조, 제44조 제1항 및 제45조에도 불구하고 해당 피고사건의 제1심 법원의 관할에 전속한다.

제40조(위임규정)

배상명령의 절차에 관하여 이 법에 특별한 규정이 없는 사항은 대법원규칙으로 정하는 바에 따르고, 제36조부터 제39조까지의 규정에서 정하는 것 외에 민사상 다툼에 관한 형사소송 절차에서의 화해에 관하여 필요한 사항은 대법원규칙으로 정한다.

범죄피해자보호법

제3조(정의)

① 이 법에서 사용하는 용어의 뜻은 다음과 같다.

1. "범죄피해자"란 타인의 범죄행위로 피해를 당한 사람과 그 배우자(사실상의 혼인관계를 포함한다), 직계친족 및 형제자매를 말한다.

2. "범죄피해자 보호·지원"이란 범죄피해자의 손실 복구, 정당한 권리행사 및 복지 증진에 기여하는 행위를 말한다. 다만, 수사·변호 또는 재판에 부당한 영향을 미치는 행위는 포함되지 아니한다.

3. "범죄피해자 지원법인"이란 범죄피해자 보호·지원을 주된 목적으로 설립된 비영리법인을 말한다.

4. "구조대상 범죄피해"란 대한민국의 영역 안에서 또는 대한민국의 영역 밖에 있는 대한민국의 선박이나 항공기 안에서 행하여진 사람의 생명 또는 신체를 해치는 죄에 해당하는 행위(「형법」 제9조, 제10조 제1항, 제12조, 제22조 제1항에 따라 처벌되지 아니하는 행위를 포함하며, 같은 법 제20조 또는 제21조 제1항에 따라 처벌되지 아니하는 행위 및 과실에

의한 행위는 제외한다)로 인하여 사망하거나 장해 또는 중상해를 입은 것을 말한다.

5. "상해"란 범죄행위로 입은 부상이나 질병이 치료(그 증상이 고정된 때를 포함한다)된 후에 남은 신체의 장해로서 대통령령으로 정하는 경우를 말한다.

6. "중상해"란 범죄행위로 인하여 신체나 그 생리적 기능에 손상을 입은 것으로서 대통령령으로 정하는 경우를 말한다.

② 제1항 제1호에 해당하는 사람 외에 범죄피해 방지 및 범죄피해자 구조 활동으로 피해를 당한 사람도 범죄피해자로 본다.

제8조(형사절차 참여 보장 등)

① 국가는 범죄피해자가 해당 사건과 관련하여 수사담당자와 상담하거나 재판절차에 참여하여 진술하는 등 형사절차상의 권리를 행사할 수 있도록 보장해야 한다.

② 국가는 범죄피해자가 요청하면 가해자에 대한 수사 결과, 공판기일, 재판 결과, 형 집행 및 보호관찰 집행 상황 등 형사절차 관련 정보를 대통령령으로 정하는 바에 따라 제공할 수 있다.

제16조(구조금의 지급요건)

국가는 구조대상 범죄피해를 받은 사람(이하 "구조피해자"라 한다)이 다음 각 호의 어느 하나에 해당하면 구조피해자 또는 그 유족에게 범죄피해 구조금(이하 "구조금"이라 한다)을 지급한다.

1. 구조피해자가 피해의 전부 또는 일부를 배상받지 못하는 경우

2. 자기 또는 타인의 형사사건의 수사 또는 재판에서 고소·고발 등 수사단서를 제공하거나 진술, 증언 또는 자료제출을 하다가 구조피해자가 된 경우

제17조(구조금의 종류 등)

① 구조금은 유족구조금·장해구조금 및 중상해구조금으로 구분하며, 일시금으로 지급한다.

② 유족구조금은 구조피해자가 사망하였을 때 제18조에 따라 맨 앞의 순위인 유족에게 지급한다. 다만, 순위가 같은 유족이 2명 이상이면 똑같이 나누어 지급한다.

③ 장해구조금 및 중상해구조금은 해당 구조피해자에게 지급한다.

제18조(유족의 범위 및 순위)

① 유족구조금을 지급받을 수 있는 유족은 다음 각 호의 어느 하나에 해당하는 사람으로 한다.

1. 배우자(사실상 혼인관계를 포함한다) 및 구조피해자의 사망 당시 구조피해자의 수입으로 생계를 유지하고 있는 구조피해자의 자녀

2. 구조피해자의 사망 당시 구조피해자의 수입으로 생계를 유지하고 있는 구조피해자의 부모, 손자·손녀, 조부모 및 형제자매

3. 제1호 및 제2호에 해당하지 아니하는 구조피해자의 자녀, 부모, 손자·손녀, 조부모 및 형제자매

② 제1항에 따른 유족의 범위에서 태아는 구조피해자가 사망할 때 이미 출생한 것으로 본다.

③ 유족구조금을 받을 유족의 순위는 제1항 각 호에 열거한 순서로 하고, 같은 항 제2호 및 제3호에 열거한 사람 사이에서는 해당 각 호에 열거한 순서로 하며, 부모의 경우에는 양부모를 선순위로 하고 친부모를 후순위로 한다.

④ 유족이 다음 각 호의 어느 하나에 해당하면 유족구조금을 받을 수 있는 유족으로 보지 아니한다.

1. 구조피해자를 고의로 사망하게 한 경우

2. 구조피해자가 사망하기 전에 그가 사망하면 유족구조금을 받을 수 있는

선순위 또는 같은 순위의 유족이 될 사람을 고의로 사망하게 한 경우

3. 구조피해자가 사망한 후 유족구조금을 받을 수 있는 선순위 또는 같은 순위의 유족을 고의로 사망하게 한 경우

제19조(구조금을 지급하지 아니할 수 있는 경우)

① 범죄행위 당시 구조피해자와 가해자 사이에 다음 각 호의 어느 하나에 해당하는 친족관계가 있는 경우에는 구조금을 지급하지 아니한다.

1. 부부(사실상의 혼인관계를 포함한다)

2. 직계혈족

3. 4촌 이내의 친족

4. 동거친족

② 범죄행위 당시 구조피해자와 가해자 사이에 제1항 각 호의 어느 하나에 해당하지 아니하는 친족관계가 있는 경우에는 구조금의 일부를 지급하지 아니한다.

③ 구조피해자가 다음 각 호의 어느 하나에 해당하는 행위를 한 때는 구조금을 지급하지 아니한다.

1. 해당 범죄행위를 교사 또는 방조하는 행위

2. 과도한 폭행·협박 또는 중대한 모욕 등 해당 범죄행위를 유발하는 행위

3. 해당 범죄행위와 관련하여 현저하게 부정한 행위

4. 해당 범죄행위를 용인하는 행위

5. 집단적 또는 상습적으로 불법행위를 행할 우려가 있는 조직에 속하는 행위(다만, 그 조직에 속하고 있는 것이 해당 범죄피해를 당한 것과 관련이 없다고 인정되는 경우는 제외한다)

6. 범죄행위에 대한 보복으로 가해자 또는 그 친족이나 그 밖에 가해자와 밀접한 관계가 있는 사람의 생명을 해치거나 신체를 중대하게 침해하는 행위

④ 구조피해자가 다음 각 호의 어느 하나에 해당하는 행위를 한 때는 구조금의 일부를 지급하지 아니한다.

1. 폭행·협박 또는 모욕 등 해당 범죄행위를 유발하는 행위

2. 해당 범죄피해의 발생 또는 증대에 가공(加功)한 부주의한 행위 또는 부적절한 행위

⑤ 유족구조금을 지급할 때는 제1항부터 제4항까지의 규정을 적용할 때 "구조피해자"는 "구조피해자 또는 맨 앞의 순위인 유족"으로 본다.

⑥ 구조피해자 또는 그 유족과 가해자 사이의 관계, 그 밖의 사정을 고려하여 구조금의 전부 또는 일부를 지급하는 것이 사회통념에 위배된다고 인정될 때는 구조금의 전부 또는 일부를 지급하지 아니할 수 있다.

⑦ 제1항부터 제6항까지의 규정에도 불구하고 구조금을 지급하지 아니하는 것이 사회통념에 위배된다고 인정할 만한 특별한 사정이 있는 경우에는 구조금의 일부를 지급할 수 있다.

제20조(다른 법령에 따른 급여 등과의 관계)

구조피해자나 유족이 해당 구조대상 범죄피해를 원인으로 하여 「국가배상법」이나 그 밖의 법령에 따른 급여 등을 받을 수 있는 경우에는 대통령령으로 정하는 바에 따라 구조금을 지급하지 아니한다.

제21조(손해배상과의 관계)

① 국가는 구조피해자나 유족이 해당 구조대상 범죄피해를 원인으로 하여 손해배상을 받았으면 그 범위에서 구조금을 지급하지 아니한다.

② 국가는 지급한 구조금의 범위에서 해당 구조금을 받은 사람이 구조대상 범죄피해를 원인으로 하여 가지고 있는 손해배상청구권을 대위한다.

③ 국가는 제2항에 따라 손해배상청구권을 대위할 때 대통령령으로 정하는 바에 따라 가해자인 수형자나 보호감호대상자의 작업장려금 또는 근로보상금에서 손해배상금을 받을 수 있다.

제 25조(구조금의 지급신청)

① 구조금을 받으려는 사람은 법무부령으로 정하는 바에 따라 그 주소지, 거주지 또는 범죄 발생지를 관할하는 지구심의회에 신청해야 한다.

② 제 1항에 따른 신청은 해당 구조대상 범죄피해의 발생을 안 날부터 3년이 지나거나 해당 구조대상 범죄피해가 발생한 날부터 10년이 지나면 할 수 없다.

제 31조(소멸시효) 구조금을 받을 권리는 그 구조결정이 해당 신청인에게 송달된 날부터 2년간 행사하지 아니하면 시효로 인하여 소멸된다.

공무원을 때린 경우의 처벌

시청에 볼일이 있어서 갔는데 공무원들이 불친절하게 대하여 화가 났습니다. 볼일을 마친 후 시청건물에서 나서는 길에 지나가던 공무원 A와 부딪쳤는데 A가 사과도 하지 않기에 화가 나서 A의 멱살을 잡고 주먹으로 한 대 때렸습니다. 저는 어떤 처벌을 받게 되나요?

답변

순간적으로 화가 나서 주먹을 휘둘렀다 하더라도 "직무를 집행하는" 공무원에 대하여 폭행 또는 협박을 하는 경우에는 공무집행방해죄가 되어 5년 이하의 징역 또는 1,000만 원 이하의 벌금처분을 받습니다(형법 제136조 제1항).

만약 폭행을 당한 공무원이 직무집행 중이 아니라면 공무집행방해죄가 아니라, 폭행죄기 되이 2년 이하의 징역 또는 500만 원 이하의 벌금, 구류 또는 과료처분을 받게 될 것 입니다(형법 제260조 제1항). 즉, 폭행을 당한 공무원이 "직무를 집행하는" 상태였는지에 따라서 처벌이 달라지는 것입니다.

본건의 경우에는, 업무를 마친 후에 밖에서 우연히 지나가던 공무원과 부딪쳐서 폭행한 것이므로, 단순 폭행죄에 해당하는 것으로 보입니다.

만약 폭행죄가 된다면 앞서 살펴보았듯이 피해자와 합의함으로써 처벌을 받지 않을 수 있습니다

우리나라에는 폭행죄(형법 제260조 제1항)와 상해죄(형법 제257조 제1항)가 있습니다. 폭행죄는 피해자가 처벌을 원하지 않으면 처벌받지 않습니다(이러한 죄를 법률용어상 '반의사불벌죄'라고 합니다). 하지만 상해죄는 피해자가 처벌을 원하지 않는다고 하여도 처벌이 됩니다. 즉, 사람을 때려서 상해를 입히면 피해자와 합의를 해도 형사처벌을 받지만 합의했기 때문에 형이 낮아질 수는 있습니다.

그렇다면 폭행과 상해의 차이가 무엇일까요? 일도양단식으로 정의내리기는 어려운 법적개념이나, 판례에 의하면, 오랜 시간 동안의 폭행과 협박을 이기지 못하고 실신하여 범인들이 불러온 구급차 안에서야 정신을 차리게 된 경우, 돈을 빼앗는 과정에서 피해자를 폭행하여 피해자가 2주 진단서를 발급받았는데 1주일이 지난 후 별다른 치료 없이 치유된 경우, 보행불능이나 수면장애, 식욕감퇴 등 기능의 장애를 일으킨 경우, 정신과적 증상인 외상 후 스트레스 장애의 경우 등의 사안에서 '상해'가 있었다고 인정하였습니다.

싸우다가 칼을 휘둘러서 타인에게 상처를 입힌 경우

같은 직장에서 일을 하는 동료와 싸움이 일어났습니다. 싸우던 중 순간적으로 화가 나서 칼로 팔을 찌르게 되었습니다. 상대방이 저를 고소하자 치료비도 물어주고 상대방과 합의도 하였습니다. 그런데도 유죄판결이 났습니다. 왜 그렇습니까?

답변

형법상 단순히 1인이 위험한 물건이나 흉기를 휴대하지 않고 폭행한 경우에는 상대방과 합의하면 처벌받지 않습니다.

다만, 칼과 같은 위험한 물건이나 흉기를 휴대하고 폭행하거나, 2인 이상이 폭행을 한 경우 등에는 피해자의 생명이 위험해질 수 있기 때문에 폭력행위등처벌에관한법률 제3조 제1항에 의하여 더욱 무겁게 처벌됩니다(형법상 폭행죄의 경우에는 1월~2년의 징역 또는 5만 원~500만 원의 벌금형이지만, 폭력행위등처벌에관한법률위반죄의 경우에는 1년 이상~15년의 징역입니다). 또 폭력행위등처벌에관한법률위반죄에 해당하는 경우에는 피해자와 합의를 했다하더라도 처벌이 됩니다.

본건의 경우에는 흉기인 칼을 사용하였고, 상대방을 찔러 상해까지 입혔으므로, 상대방과 합의를 하였지만 처벌을 받게 된 것입니다.

즉, 한국 법률은 특별히 친고죄 내지 반의사불벌죄를 규정한 범죄를 제외하고는(명예훼손, 단순 폭행 등이 해당), 그 외 범죄에 대하여는 피해자와 합의하더라도 형사처벌의 대상이 됩니다. 다만 피해자와의 합의는 양형에서 고려사항이 됩니다.

질문

구속되었을 때 풀려날 수 있는 방법

저는 물건을 훔치다가 현행범으로 체포된 후 구속되었습니다. 그런데 지금 저희 아들이 큰 병이 나서 사경을 헤매고 있다고 합니다. 죗값은 달게 받겠지만, 어떻게든 아들을 만나고 싶습니다. 방법이 없나요?

답변

경찰이나 검찰(이 두 기관을 '수사기관'이라고 합니다)에서 구속되었을 때 어떻게 풀려날 수 있는지를 단계별로 알아보겠습니다.

우리나라는 수사기관에서 사람의 신체를 강제로 잡아두는 제도로 '체포'와 '구속'이 있습니다. 체포에는 긴급체포, 현행범체포, 영장에 의한 체포가 있고, 구속은 체포된 피의자(기소되기 전에 수사기관에서 조사받고 있는 사람을 피의자라고 합니다)나 체포되지 않은 피의자에게 검사가 구속영장을 청구하면 "법원의 판사가" 구속영장을 발부하여 구속합니다.

1) 영장실질심사제도

먼저, 체포된 피의자나 체포되지 않은 피의자에게 검사가 구속영장을 청구하는 경우에 법원의 판사가 피의자의 신청이 없더라도 구속전피의 자심문(영장실질심사라고도 합니다)을 합니다. 즉, 구속영장을 청구받은 판사가 피의자를 직접 심문해보고 구속사유를 판단하여 구속영장을 발부할지 말지를 결정하는 절차입니다. 이 단계에서 석방될 수도 있지만, 판사가 구속영장을 발부하면 석방되지 못합니다. 그렇다고 낙심할 필요가 없습니다. 다음에서는 알아볼 체포·구속적부심사제도를 통해 석방될 수 있는 기회가 또 한 번 있기 때문입니다.

2) 체포구속적부심사제도

수사기관에 의하여 체포 또는 구속된 피의자에 대하여 법원이 체포 또는 구속이 적법한지, 체포 또는 구속이 필요한지를 심사하여 체포 또는 구속이 부적법하거나 부당한 경우에 피의자를 석방시키는 제도입니다 (형사소송법 제214조의 2).

이 제도는 앞에서 본 구속전피의자심문과는 달리 반드시 피의자 측의 청구가 있어야만 합니다. 청구할 수 있는 사람은 체포 또는 구속된 피의자, 그 변호인, 법정대리인, 배우자, 직계친족, 형제자매, 가족, 동거인, 고용주입니다.

법원이 다시 한 번 체포, 구속이 적법하거나 타당한지를 판단하여 보고 ① 피의자를 석방하거나, ② 그대로 구속상태로 두거나, ③ 보증급납입조건부로 피의자를 석방하는 결정을 할 수 있습니다. 이 중 ③ 보증급납입조건부 피의자석방이란, 피의자로부터 피의자의 출석을 보증할 만한 보증금의 납입을 조건으로 하여 석방하는 것을 말합니다. 만약 피의자를 석방했는데 도망가 버릴 수도 있기 때문에 돈을 담보로 잡아두어 피의자가 도망치지 못하게 하는 것입니다. 보증금은 유가증권 또는 피의자 외의 자가 제출한 보증서로 대신할 수도 있으므로 반드시 현금을 납부해야 할 필요는 없습니다.

3) 구속집행정지

구속된 피의자에 대하여 검사는 구속의 집행을 정지할 수 있습니다(경찰은 검사의 지휘를 받아야 가능합니다). 피의자가 중병에 걸렸거나, 가족의 장례참석 등 긴급하게 피의자를 석방할 필요가 있는 경우에 피의자의 신청 여부에 불문하고 검사가 직권으로 합니다(형사소송법 제209조, 제101조). 그러므로 피의자가 구속집행정지를 신청해도 검사가 받아들이지 않을 수가 있지만 이러한 제도도 있다는 점은 알아두시기 바랍니다. 구속집행정지는 완전히 석방된다는 의미가 아니라, 일시적으로 석방되는 것이므로 병세가 호전되었거나, 장례식이 끝났다면 다시 구속됩니다.

위 사안의 경우에는 이미 구속영장이 발부되어 구속 중이므로 2) 단계인 체포구속적부심사를 청구해야 할 것입니다. 만약 이 단계에서도 석방되지 못한다면 검사에게 탄원서를 제출하여 3) 구속집행정지라도 될 수 있도록 노력해보아야 할 것입니다.

주의할 것은, 구속전피의자심문, 체포구속적부심사제도를 통해 석방되었다고 하더라도 이것이 곧 무죄임을 의미하는 것은 아닙니다. 단지 '불구속상태'에서 재판을 받게 되었다는 것을 의미할 뿐이므로 만약 재판에서 징역이나 금고형의 실형이 선고된다면 교도소에서 복역하게 됩니다. 하지만 구속된 상태에서 재판을 준비하는 것과 불구속 상태에서 재판을 준비하는 것은 심적, 물적으로 엄청난 차이를 가져오므로 불구속 상태에서 재판을 받는 것이 훨씬 낫기 때문에 위와 같은 제도들을 만들어 둔 것입니다.

참조

구속기간

우리나라는 체포와 구속기간을 법률로 규정하고 있습니다. 그렇지 않으면 수사기관이 마음대로 피의자를 언제까지고 붙잡아둘 수 있고, 이렇게 되면 피의자는 스스로를 제대로 보호할 수 없게 되기 때문입니다.

경찰에서의 구속기간은 10일이며, 검찰에서의 구속기간은 10일이지만 10일을 더 연장할 수 있기 때문에 최장 20일이 됩니다(참고로 법원에서의 구속기간은 1심에서는 최장 6개월입니다). 이러한 구속기간이 제대로 지켜지지 않으면 수사기관이 중대한 위법을 저지른 것이므로 반드시 이의를 제기해야 할 것입니다.

보석

구속전피의자심문제도, 체포구속적부심사제도는 '수사기관'에서 석방될 수 있는 조치입니다. 그렇다면 기소된 이후에 '법원'에서 재판을 받는 중이라도 불구속상태에서 재판을 받을 수 있는 방법은 없을까요? 그것이 바로 '보석' 제도입니다(형사소송법 제94조~제100조의 2).

보석의 청구권자는 피고인(기소된 이후에는 피의자라 불리지 않고 '피고인'이라는 용어로 불립니다), 피고인의 변호인, 법정대리인, 배우자, 직계친족, 형제자매, 가족, 동거인, 고용주가 청구를 하면 됩니다. 형사소송법 제95조에서 규정하고 있는 제외사유에 해당하지 않으면 법원은 반드시 보석을 허가해야 합니다. 단, 법원이 보석을 허가할 때는 보증금 납입을 조건으로 하거나, 가난한 피고인이라면 서약서와 출석보증서를 제출받는 것을 조건으로 하는 등 다양한 조건하에 보석을 허가합니다.

보석이 허가되면 피고인은 석방되고 불구속 상태에서 재판을 받을 수 있지만, 이 경우에도 징역형이나 금고형의 실형이 선고되면 교도소에서 복역해야 합니다.

✔ 잠깐! 다시 한 번 구속된 상태에서 풀려날 수 있는 방법을 정리해보겠습니다.

물론 구속되었더라도 최종판결에서 유죄라도 벌금형이 선고되거나 집행유예를 선고받는다거나, 무죄판결을 선고받는다면 석방될 수 있습니다.

하지만 판결이 선고될 때까지 많은 시간을 구속 상태에서 지내야 하기 때문에 무척 괴로울 것입니다. 그러므로 판결이 선고되기 전에 풀려날 수 있는 방법을 잘 알아두는 것이 좋습니다.

① 수사기관(경찰, 검찰)에서 판사에게 구속영장을 청구한 단계: 영장실질심사제도
② 영장실질심사제도를 거쳤지만 구속영장이 발부된 경우: 체포구속적부심사를 신청할 것
③ 체포구속적부심사를 거쳤지만 석방되지 못하였고 기소된 경우: 보석을 신청할 것

이 3단계를 거치는 동안 석방되지 못하였다면 판결이 선고될 때까지 기다리는 방법밖에는 없습니다.

관련법률

형사소송법

제94조(보석의 청구) 피고인, 피고인의 변호인·법정대리인·배우자·직계친족·형제자매·가족·동거인 또는 고용주는 법원에 구속된 피고인의 보석을 청구할 수 있다.

제95조(필요적 보석)
보석의 청구가 있는 때는 다음 이외의 경우에는 보석을 허가해야 한다.
1. 피고인이 사형, 무기 또는 장기 10년이 넘는 징역이나 금고에 해당하는 죄를 범한 때
2. 피고인이 누범에 해당하거나 상습범인 죄를 범한 때

3. 피고인이 죄증을 인멸하거나 인멸할 염려가 있다고 믿을 만한 충분한 이유가 있는 때

4. 피고인이 도망하거나 도망할 염려가 있다고 믿을 만한 충분한 이유가 있는 때

5. 피고인의 주거가 분명하지 아니한 때

6. 피고인이 피해자, 당해 사건의 재판에 필요한 사실을 알고 있다고 인정되는 자 또는 그 친족의 생명·신체나 재산에 해를 가하거나 가할 염려가 있다고 믿을 만한 충분한 이유가 있는 때

제96조 (임의적 보석)

법원은 제95조의 규정에 불구하고 상당한 이유가 있는 때는 직권 또는 제94조에 규정한 자의 청구에 의하여 결정으로 보석을 허가할 수 있다.

제97조 (보석·구속의 취소와 검사의 의견)

① 재판장은 보석에 관한 결정을 하기 전에 검사의 의견을 물어야 한다.

② 구속의 취소에 관한 결정을 함에 있어서도 검사의 청구에 의하거나 급속을 요하는 경우 외에는 제1항과 같다.

③ 검사는 제1항 및 제2항에 따른 의견요청에 대하여 지체 없이 의견을 표명해야 한다.

④ 구속을 취소하는 결정에 대하여는 검사는 즉시항고를 할 수 있다.

제98조 (보석의 조건)

법원은 보석을 허가하는 경우에는 필요하고 상당한 범위 안에서 다음 각호의 조건 중 하나 이상의 조건을 정해야 한다.

1. 법원이 지정하는 일시·장소에 출석하고 증거를 인멸하지 아니하겠다는 서약서를 제출할 것

2. 법원이 정하는 보증금 상당의 금액을 납입할 것을 약속하는 약정서를

제출할 것

3. 법원이 지정하는 장소로 주거를 제한하고 이를 변경할 필요가 있는 경우에는 법원의 허가를 받는 등 도주를 방지하기 위해 행하는 조치를 수인할 것

4. 피해자, 당해 사건의 재판에 필요한 사실을 알고 있다고 인정되는 자 또는 그 친족의 생명·신체·재산에 해를 가하는 행위를 하지 아니하고 주거·직장 등 그 주변에 접근하지 아니할 것

5. 피고인 외의 자가 작성한 출석보증서를 제출할 것

6. 법원의 허가 없이 외국으로 출국하지 아니할 것을 서약할 것

7. 법원이 지정하는 방법으로 피해자의 권리회복에 필요한 금원을 공탁하거나 그에 상당한 담보를 제공할 것

8. 피고인 또는 법원이 지정하는 자가 보증금을 납입하거나 담보를 제공할 것

9. 그 밖에 피고인의 출석을 보증하기 위해 법원이 정하는 적당한 조건을 이행할 것

제99조 (보석조건의 결정 시 고려사항)
① 법원은 제98조의 조건을 정함에 있어서 다음 각 호의 사항을 고려해야 한다.

1. 범죄의 성질 및 죄상(罪狀)

2. 증거의 증명력

3. 피고인의 전과·성격·환경 및 자산

4. 피해자에 대한 배상 등 범행 후의 정황에 관련된 사항

② 법원은 피고인의 자력 또는 자산 정도로는 이행할 수 없는 조건을 정할 수 없다.

제100조 (보석집행의 절차)

① 제98조 제1호·제2호·제5호·제7호 및 제8호의 조건은 이를 이행한 후가 아니면 보석허가결정을 집행하지 못하며, 법원은 필요하다고 인정하는 때는 다른 조건에 관하여도 그 이행 이후 보석허가결정을 집행하도록 정할 수 있다.

② 법원은 보석청구자 이외의 자에게 보증금의 납입을 허가할 수 있다.

③ 법원은 유가증권 또는 피고인 외의 자가 제출한 보증서로써 보증금에 갈음함을 허가할 수 있다.

④ 전항의 보증서에는 보증금액을 언제든지 납입할 것을 기재해야 한다.

⑤ 법원은 보석허가결정에 따라 석방된 피고인이 보석조건을 준수하는 데 필요한 범위 안에서 관공서나 그 밖의 공사단체에 대하여 적절한 조치를 취할 것을 요구할 수 있다.

제100조의2 (출석보증인에 대한 과태료)

① 법원은 제98조 제5호의 조건을 정한 보석허가결정에 따라 석방된 피고인이 정당한 사유 없이 기일에 불출석하는 경우에는 결정으로 그 출석보증인에 대하여 500만 원 이하의 과태료를 부과할 수 있다.

② 제1항의 결정에 대하여는 즉시항고를 할 수 있다.

제201조의2 (구속영장 청구와 피의자 심문)

① 제200조의2·제200조의3 또는 제212조에 따라 체포된 피의자에 대하여 구속영장을 청구받은 판사는 지체 없이 피의자를 심문해야 한다. 이 경우 특별한 사정이 없는 한 구속영장이 청구된 날의 다음날까지 심문해야 한다.

② 제1항 외의 피의자에 대하여 구속영장을 청구받은 판사는 피의자가 죄를 범하였다고 의심할 만한 이유가 있는 경우에 구인을 위한 구속영장을 발부하여 피의자를 구인한 후 심문해야 한다. 다만, 피의자가 도망하

는 등의 사유로 심문할 수 없는 경우에는 그러하지 아니하다.

③ 판사는 제1항의 경우에는 즉시, 제2항의 경우에는 피의자를 인치한 후 즉시 검사, 피의자 및 변호인에게 심문기일과 장소를 통지해야 한다. 이 경우 검사는 피의자가 체포되어 있는 때는 심문기일에 피의자를 출석시켜야 한다.

④ 검사와 변호인은 제3항에 따른 심문기일에 출석하여 의견을 진술할 수 있다.

⑤ 판사는 제1항 또는 제2항에 따라 심문하는 때는 공범의 분리심문이나 그 밖에 수사상의 비밀보호를 위해 필요한 조치를 해야 한다.

⑥ 제1항 또는 제2항에 따라 피의자를 심문하는 경우 법원사무관 등은 심문의 요지 등을 조서로 작성해야 한다.

⑦ 피의자심문을 하는 경우 법원이 구속영장청구서·수사 관계 서류 및 증거물을 접수한 날부터 구속영장을 발부하여 검찰청에 반환한 날까지의 기간은 제202조 및 제203조의 적용에 있어서 그 구속기간에 이를 산입하지 아니한다.

⑧ 심문할 피의자에게 변호인이 없는 때는 지방법원판사는 직권으로 변호인을 선정해야 한다. 이 경우 변호인의 선정은 피의자에 대한 구속영장 청구가 기각되어 효력이 소멸한 경우를 제외하고는 제1심까지 효력이 있다.

⑨ 법원은 변호인의 사정이나 그 밖의 사유로 변호인 선정결정이 취소되어 변호인이 없게 된 때는 직권으로 변호인을 다시 선정할 수 있다.

⑩ 제71조, 제71조의2, 제75조, 제81조부터 제83조까지, 제85조 제1항·제3항·제4항, 제86조, 제87조 제1항, 제89조부터 제91조까지 및 제200조의5는 제2항에 따라 구인을 하는 경우에 준용하고, 제48조, 제51조, 제53조, 제56조의2 및 제276조의2는 피의자에 대한 심문의 경우에 준용한다.

제214조의2 (체포와 구속의 적부심사)

① 체포 또는 구속된 피의자 또는 그 변호인, 법정대리인, 배우자, 직계친족, 형제자매나 가족, 동거인 또는 고용주는 관할법원에 체포 또는 구속의 적부심사를 청구할 수 있다.

② 피의자를 체포 또는 구속한 검사 또는 사법경찰관은 체포 또는 구속된 피의자와 제1항에 규정된 자 중에서 피의자가 지정하는 자에게 제1항에 따른 적부심사를 청구할 수 있음을 알려야 한다.

③ 법원은 제1항에 따른 청구가 다음 각 호의 어느 하나에 해당하는 때는 제4항에 따른 심문 없이 결정으로 청구를 기각할 수 있다.

1. 청구권자 아닌 자가 청구하거나 동일한 체포영장 또는 구속영장의 발부에 대하여 재청구한 때

2. 공범 또는 공동피의자의 순차청구가 수사방해의 목적임이 명백한 때

④ 제1항의 청구를 받은 법원은 청구서가 접수된 때부터 48시간 이내에 체포 또는 구속된 피의자를 심문하고 수사관계서류와 증거물을 조사하여 그 청구가 이유 없다고 인정한 때는 결정으로 이를 기각하고, 이유 있다고 인정한 때는 결정으로 체포 또는 구속된 피의자의 석방을 명해야 한다. 심사청구후 피의자에 대하여 공소제기가 있는 경우에도 또한 같다.

⑤ 법원은 구속된 피의자(심사청구후 공소제기된 자를 포함한다)에 대하여 피의자의 출석을 보증할 만한 보증금의 납입을 조건으로 하여 결정으로 제4항의 석방을 명할 수 있다. 다만, 다음 각호에 해당하는 경우에는 그러하지 아니하다.

1. 죄증을 인멸할 염려가 있다고 믿을 만한 충분한 이유가 있는 때

2. 피해자, 당해 사건의 재판에 필요한 사실을 알고 있다고 인정되는 자 또는 그 친족의 생명·신체나 재산에 해를 가하거나 가할 염려가 있다고 믿을 만한 충분한 이유가 있는 때

⑥ 제5항의 석방결정을 하는 경우에 주거의 제한, 법원 또는 검사가 지정하는 일시·장소에 출석할 의무 기타 적당한 조건을 부가할 수 있다.

⑦ 제99조 및 제100조는 제5항에 따라 보증금의 납입을 조건으로 하는 석방을 하는 경우에 준용한다.

⑧ 제3항과 제4항의 결정에 대하여는 항고하지 못한다.

⑨ 검사·변호인·청구인은 제4항의 심문기일에 출석하여 의견을 진술할 수 있다.

⑩ 체포 또는 구속된 피의자에게 변호인이 없는 때는 제33조의 규정을 준용한다.

⑪ 법원은 제4항의 심문을 하는 경우 공범의 분리심문이나 그 밖에 수사상의 비밀보호를 위한 적절한 조치를 취해야 한다.

⑫ 체포영장 또는 구속영장을 발부한 법관은 제4항부터 제6항까지의 심문·조사·결정에 관여하지 못한다. 다만, 체포영장 또는 구속영장을 발부한 법관 외에는 심문·조사·결정을 할 판사가 없는 경우에는 그러하지 아니하다.

⑬ 법원이 수사 관계 서류와 증거물을 접수한 때부터 결정 후 검찰청에 반환된 때까지의 기간은 제200조의2 제5항(제213조의2에 따라 준용되는 경우를 포함한다) 및 제200조의4 제1항의 적용에 있어서는 그 제한기간에 산입하지 아니하고, 제202조·제203조 및 제205조의 적용에 있어서는 그 구속기간에 산입하지 아니한다.

⑭ 제201조의2 제6항은 제4항에 따라 피의자를 심문하는 경우에 준용한다.

제209조 (준용규정)

제70조 제2항, 제71조, 제75조, 제81조 제1항 본문·제3항, 제82조, 제83조, 제85조부터 제87조까지, 제89조부터 제91조까지, 제93조, 제101조 제1항, 제102조 제2항 본문(보석의 취소에 관한 부분은 제외한다) 및 제200조의5는 검사 또는 사법경찰관의 피의자 구속에 관하여 준용한다.

제101조 (구속의 집행정지)

① 법원은 상당한 이유가 있는 때는 결정으로 구속된 피고인을 친족·보호단체 기타 적당한 자에게 부탁하거나 피고인의 주거를 제한하여 구속의 집행을 정지할 수 있다.

② 전항의 결정을 함에는 검사의 의견을 물어야 한다. 단, 급속을 요하는 경우에는 그러하지 아니하다.

③ 제1항의 결정에 대하여는 검사는 즉시항고를 할 수 있다.

④ 헌법 제44조에 의하여 구속된 국회의원에 대한 석방요구가 있으면 당연히 구속영장의 집행이 정지된다.

⑤ 전항의 석방요구의 통고를 받은 검찰총장은 즉시 석방을 지휘하고 그 사유를 수소법원에 통지해야 한다.

타인을 폭행해서 벌금형을 받았는데 이와 별도로 손해배상을 해야 하는지 여부

평소부터 마음에 들지 않던 직장동료를 때렸습니다. 직장동료는 저를 폭행죄로 고소하였고 저는 법원으로부터 폭행죄로 벌금형의 유죄판결을 받아 벌금을 모두 납부하였습니다. 그런데 그 직장동료가 저에게 치료비와 정신적 손해배상으로 돈을 달라고 합니다. 벌금을 냈는데도 직장동료에게 돈을 주어야 하나요? 가지고 있던 돈을 모두 벌금을 납부하는 데 써버려서 지금은 돈이 없습니다.

답변

우선 민사사건과 형사사건을 구별해서 생각해야 합니다. 가령 길을 가다가 아무 이유도 없이 모르는 사람에게 맞아서 멍이 들었다고 생각해 봅시다. 병원에 가서 치료를 받았으니 치료비가 들 것이고, 또 아무 이유도 없이 맞았으니 너무 분하고 억울하고 충격이 클 겁니다.

이 경우에 얻어맞은 부분에 대해서는 경찰이나 검찰에 폭행죄로 고소를 하고, 치료비와 정신적 위자료에 대해서는 법원을 통해 돈을 달라고 하면 됩니다. 이때 고소를 통해 진행되는 것을 형사사건이라 하고, 돈을 받아내는 절차를 민사사건이라 합니다.

즉, 민사사건은 당사자인 내가 법원에 직접 소송을 제기하여 판사에게 판단을 해달라고 하는 것이고, 형사사건은 경찰이나 검찰에 고소를 하여 검사에게 나 대신 처벌해달라고 하는 것입니다. 검사는 고소한 사건이 형법 등 법률에서 정해진 범죄에 해당된다고 판단하면 법원에 기소를 하고 법원에서 검사의 청구가 옳은지를 판단하여 유, 무죄의 판결을 선고하는 것입니다.

대표적인 민사사건으로는 혼인, 이혼, 양육 등의 문제를 다루는 가사 사건, 채권채무에 관한 사건 등이 있습니다. 위의 경우에 폭행죄로 벌금형을 선고받았다는 것은 합의가 되지 않았기 때문입니다(앞서 살펴보았듯이 폭행죄는 피해자가 처벌을 원하지 않으면 처벌할 수 없는 범죄입니다). 그러므로 피해자 입장에서는 치료비나 정신적 위자료 등의 피해회복이 되지 않은 상황입니다. 그러므로 당연히 이 치료비나 정신적 위자료를 달라고 할 수 있고, 만약 가해자가 지급하지 않는다면 민사소송을 제기하여 지급받을 수 있는 것입니다.

만약 피해자가 민사소송까지 제기한다면 그 소송에서 승소를 하여 가해자의 월급이나 가해자의 임대차보증금 등에 압류 등의 조치를 취할 수 있으므로, 재산이 없는 가해자 입장에서는 피해자에게 진심어린 사과를 하고 분할 지급하는 방법 등으로 피해자와 원만하게 해결하는 것이 가장 좋은 방법이 될 것입니다.

만약 압류 등의 강제집행을 피하기 위해 재산을 빼돌린다면 강제집행면탈죄(형법 제 327조)가 되어 형사처벌을 받을 수 있으므로 이러한 행동은 삼가시기 바랍니다.

집행유예 판결이 확정된 후에 다시 범죄를 저지른 경우

저는 2010년 1월 1일에 뺑소니죄로 징역 1년에 집행유예 2년을 선고받은 후 항소하지 않아 그 판결이 확정되었습니다. 그런데 제가 2011년 2월 1일에 애인을 때려서 상해를 입혔고 얼마 전 법원에서 상해죄로 징역 6월의 판결을 선고받았습니다. 이 징역 6월뿐만 아니라 뺑소니죄로 징역 1년을 받은 것까지 합쳐서 징역을 살게 되나요?

네, 그렇습니다. 집행유예제도란 유죄이지만 초범이거나, 잘못을 깊이 뉘우치고 있거나, 피해를 대부분 변상한 경우 등의 경우에 다시 한 번 피고인에게 기회를 주기 위한 제도라 할 것입니다. 3년 이하의 징역 또는 금고의 형을 선고할 때 정상을 참작하여 1년 이상 5년 이하의 기간을 정해 형의 집행을 유예하고 그 유예기간을 무사히 넘기면 형의 선고의 효력을 잃게 하는 제도입니다(형법 제62조, 제65조).

그런데 집행유예기간 중에 고의로 범한 죄로 금고 이상의 실형을 선고받아 그 판결이 확정된 때는 집행유예의 선고는 효력을 잃게 되고(형법 제64조 제1항) 유예된 형까지 복역해야 합니다. 그러나 집행유예기간 중에 죄를 범하였으나 '벌금형'을 선고받는 경우에는 여전히 집행유예의 효과가 있어 징역살이를 하지 않아도 됩니다. 집행유예 기간 중에는 가급적 어떠한 범죄도 저지르지 않도록 각별히 조심해야 합니다.

선고유예 (형법 제59조)

경미한 범죄를 저지른 범죄자에게 정상을 참작하여 일정한 기간 형의 선고를 유예하는 제도입니다. 유예기간이 경과하면 형의 선고를 면하게 됩니다.

기소유예

집행유예와 선고유예는 '법원'의 판사가 판결을 선고할 때 하는 것임에 반하여, 기소유예는 '검사'가 하는 것입니다. 즉, 범죄를 저지른 것이 인정되는 경우라도 초범이고 깊이 반성하고 있고 피해를 모두 변상하는 등 정상에 참작할 사유가 있다고 판단되면 검사가 기소하지 않는 것입니다. 그러므로 기소유예처분을 받으면 사건이 법원으로 넘어가지 않고 검찰 단계에서 끝납니다.

법원판결에 항소하는 경우

저는 음주단속을 하는 경찰관 두 명을 폭행하여 법원으로부터 공무집행
방해죄로 징역 6월을 선고받았습니다. 제가 한 행동에 비해서 형이 너무
무겁다는 생각이 드는데, 검사는 징역 6월이 너무 낮다며 항소를 하였습
니다. 저도 항소를 하고 싶은데 괜히 항소를 했다가 1심보다 더 무거운
형을 받게 될까봐 걱정됩니다.

답변

우리나라는 민사사건이든 형사사건이든 재판에서도 3심 제도를 두고 있
습니다. 즉, 같은 사건에 대해서 총 3번을 재판받을 수 있는 것입니다. 1
심 법원에서의 판결에 만족하면 그대로 판결이 확정되지만, 판결 결과에
만족하지 못하면 2심 법원에 다시 재판해달라고 청구할 수 있고, 2심법
원의 판결에 대해서도 만족하지 못하면 마지막으로 3심 법원에 다시 재
판해달라고 청구할 수 있는 것입니다. 〔이때 2심을 항소심, 3심(대법원에
서 재판받는 것)을 상고심이라 합니다. 그리고 이러한 항소, 상고처럼 상급
법원에 구제를 구하는 불복신청제도를 통틀어 '상소'라고 합니다.〕

　형사사건의 경우, 피고인이 1심에서 무죄판결이 나면 검사가 항소할
것입니다. 반대로 피고인이 유죄판결이 나면 피고인이 항소할 것입니
다. 그런데 1심에서 징역 10월을 선고받았는데 피고인 입장에서는 항소
를 해서 항소심에서 징역 2년을 선고받게 될까봐 걱정되겠죠? 그리고 이
러한 걱정 때문에 본인이 무죄라고 생각하지만 혹은 징역 10월의 형량이

너무 심하다고 생각하면서도 항소를 포기해버릴 수 있겠죠?

그래서 우리나라 법은 '불이익변경금지의 원칙'이라는 제도를 두어 이러한 피고인의 불안을 해소해주고 있습니다. 불이익변경금지의 원칙이란 피고인이 항소, 상소한 사건과 피고인을 위해 항소, 상고한 사건에 관하여 상소심은 원심판결의 형보다 중한 형으로 변경하지 못하는 것을 의미합니다(형사소송법 제368조, 제396조). 이 원칙은 약식명령에 대한 정식재판을 청구할 때와 즉결심판에 대하여 정식재판을 청구한 경우에도 적용됩니다.

그런데 주의할 것은 위 원칙은 피고인만이 상소한 경우에만 적용되는 것입니다. 따라서 검사만 상소했거나, 검사와 피고인 쌍방이 모두 상소한 사건(예를 들자면, 검사는 형량이 너무 낮다고 하여 상소하고, 피고인은 형량이 너무 높다고 상고하는 경우)에는 적용되지 않는다는 것입니다.

위와 같이 검사가 항소한 경우에 불이익변경금지원칙이 적용되지 않으므로, 피고인은 원심보다 더 무거운 형량이 될 수도 있고 혹은 원심보다 형량이 낮아질 수도 있습니다. 그러므로 사안에 따라 변호사와 상의하여 상소 여부를 결정하는 것이 좋을 것입니다.

노동관련
Q&A

월급과 연봉

직업을 구하기 위해 구직광고를 보다보면 '연봉'이라는 말이 있는데 무슨 뜻인가요? 또 '월 200만 원 + α'이라는 것은 월급이 200만 원이라는 것인가요?

답변

연봉이라고 적혀 있는 것은 1년 동안 받는 임금을 모두 합한 금액을 말합니다. 연봉 1,500만 원이라는 것은 1년 동안의 임금이 총 1,500만 원이라는 것을 뜻하는 것입니다.

월 200만 원이라는 것은 1달 임금이 200만 원이라는 것을 뜻합니다.

월 100만 원+ α라는 것은 월 100만 원의 임금을 주고 실적에 따라 얼마를 더 줄 수도 있다는 것입니다.

그러나 위와 같은 구직광고의 글을 모두 믿어서는 안 되며 취업할 때 임금에 대한 것을 다시 한 번 물어보고 근로계약서에 해당사항이 정확히 반영되었는지 확인하는 것이 중요합니다. 근로계약서에 명기가 되지 않으면 임금과 근로시간 등 근로로 사용주와 다툼이 발생했을 때 증거부족으로 정당한 권리를 보호받지 못할 수도 있습니다.

질문

북한이탈주민이라는 이유로 해고당한 경우 대응방법

회사를 다니다가 아무런 이유 없이 해고를 당했습니다. 일을 하다가 실수를 하지도 않았고 지각이나 결석을 한 적도 없습니다. 그리고 아는 동생의 경우에는 다른 직원과 함께 일을 하다가 실수를 하였는데 다른 직원은 해고되지 않았는데 자신만 해고당했다고 합니다. 동생이나 저나 북한이탈주민이라 해고당한 것 같아 억울합니다.

답변

사용자는 정당한 이유 없이 근로자를 해고할 수 없습니다. 만약 북한이탈주민이라는 사실을 숨기고 취직한 경우 해당 기업의 특성상 북한이탈주민을 채용할 수 없는 사정이 있다면(이러한 사정은 극히 예외적으로 인정될 것입니다) 숨기고 취업한 사실이 해고의 이유가 될 수는 있을 것이나, 그러한 경우가 아니라면 단순히 북한이탈주민이라는 사유만으로는 해고의 정당한 이유가 될 수 없습니다. 따라서 그러한 해고는 무효로서 효력이 없습니다.

또한, 일을 하다가 잘못을 저지른 경우라고 할지라도 함께 잘못을 저지른 다른 직원은 해고되지 않았고 자신만 해고된 경우에는 북한이탈주민이라는 이유로 차별적인 대우를 받은 것에 해당되어 이러한 해고도 무효입니다.

다만, 해고의 정당한 사유라는 것을 판단하는 기준이 구체적인 경우에 따라 달라질 수는 있습니다.

근로기준법

제6조(균등한 처우) 사용자는 근로자에 대하여 남녀의 성(性)을 이유로 차별적 대우를 하지 못하고, 국적·신앙 또는 사회적 신분을 이유로 근로조건에 대한 차별적 처우를 하지 못한다.

제23조(해고 등의 제한) ① 사용자는 근로자에게 정당한 이유 없이 해고, 휴직, 정직, 전직, 감봉, 그 밖의 징벌(懲罰) (이하 "부당해고등"이라 한다) 을 하지 못한다.

억울하게 해고당한 경우

억울하게 해고를 당한 경우에는 어떻게 해야 하나요?

답변

억울하게 해고된 경우에는 법원에 소를 제기하는 방법과 노동위원회에
구제신청을 하는 방법이 있습니다.

그런데 법원에 소를 제기하는 방법은 시간이 오래 걸리고 비용도 많이
들기 때문에 노동위원회에 구제신청을 우선적으로 합니다. 물론 소제기
와 구제신청을 둘 다 할 수도 있습니다.

노동위원회에서는 억울하게 해고된 것인지를 판단하여 서면으로 통지
를 해줍니다. 만약 억울하게 해고된 것이라면 '구제명령'을 내리는데 이
때 다시 직장에서 근무하는 것을 원하지 않을 경우에는 해고되어 일하지
못한 기간 동안의 임금 지급을 명하게 됩니다.

한편, 해고가 적법한 것이라고 판단하게 된다면 '기각결정'을 내리는
데 이러한 결정에 불만이 있는 경우에는 다시 중앙노동위원회에 '재심'이
라는 것을 신청할 수 있습니다.

근로기준법

제28조 (부당해고등의 구제신청)

① 사용자가 근로자에게 부당해고등을 하면 근로자는 노동위원회에 구제를 신청할 수 있다.

② 제1항에 따른 구제신청은 부당해고등이 있었던 날부터 3개월 이내에 해야 한다.

시행규칙 5조 (부당해고등의 구제신청) 근로자는 법 제28조제1항에 따라 부당해고등의 구제를 신청하려면 별지 제3호서식의 부당해고등의 구제 신청서를 관할 지방노동위원회에 제출해야 한다.

절차

부당해고의 구제신청은 해당 지역의 '지방노동위원회'에 '부당해고등 구제신청서'를 제출하면 됩니다. 주의할 점은 구제신청을 해고된 날부터 3개월 내에 해야 한다는 것입니다.

관련서식

☐ 부당해고 등 ☐ 부당노동행위 구제 신청서

노동조합	명칭		대표자	
	소재지	(☎ :)		
근로자	성명		(주민등록번호 :)	
	주소	☎		
사용자	사업체명		대표자	
	소재지	(☎ :)		
	해고등 또는 부당노동행위 사업장	- 사업장명 : - 소 재 지 : - 대 표 자 : 직위 및 성명 ※ 해고등 불이익처분 당시의 사업장과 본사가 다른 경우 기재		

| 신청 취지 | 1.
2. |
| 신청 이유
(별지 기재 가능) | 1. 해고 등이나 부당노동행위 경위
2. 부당한 이유 |

위 근로자 또는 노동조합은

☐ 「근로기준법」제28조와 노동위원회규칙 제39조 ☐부당해고 등

에 따라

☐ 「노동조합 및 노동관계조정법」제82조와 노동위원회규칙 제39조 ☐부당노동행위

구제를 위와 같이 신청합니다.

년 월 일

신청인 (서명 또는 날인)

○○지방노동위원회위원장 귀하

| 구비서류 | 1. 해고의 경우 해고통지서
2. 부당노동행위에 대한 사실을 증명할 수 있는 자료 |

218

질문

밀린 월급을 받는 방법

월급을 제때 주지 않고 자꾸 미루기만 합니다. 밀린 월급을 받기 위해서
는 어떻게 해야 할까요?

답변

법원에 소를 제기할 수도 있지만, 가장 간단한 방법은 회사가 있는 곳의
'지방고용노동청'에 가서 월급을 받지 못하고 있는 사실을 '진정서'에
적어서 신고하면 됩니다. 월급을 주지 않는 경우 사용자는 징역형이나
벌금형을 받기 때문에 신고된 사실을 알면 처벌을 받지 않기 위해 월급
을 지급해 줄 것입니다.

만약 신고를 했음에도 월급을 주지 않을 경우에는 '체불임금확인원'을
발급받은 다음 자신이 살고 있는 지역의 법원에 가서 '지급명령신청'을
하면 됩니다.

관련법률

근로기준법

제43조 (임금지급)
② 임금은 매월 1회 이상 일정한 날짜를 정하여 지급해야 한다. 다만, 임
시로 지급하는 임금, 수당, 그 밖에 이에 준하는 것 또는 대통령령으로

정하는 임금에 대하여는 그러하지 아니하다.

제109조 (벌칙) ① 제36조, 제43조, 제44조, 제44조의2, 제46조, 제56조, 제65조 또는 제72조를 위반한 자는 3년 이하의 징역 또는 2천만 원 이하의 벌금에 처한다. 〔개정 2007. 7. 27〕〔시행일 2008. 1. 28〕

② 제36조, 제43조, 제44조, 제44조의2, 제46조 또는 제56조를 위반한 자에 대하여는 피해자의 명시적인 의사와 다르게 공소를 제기할 수 없다.

절차

'지방고용노동청'에 가셔서 월급을 지급받지 못하고 있다는 '진정서'를 작성하여 제출하면 됩니다. 그래도 월급을 받지 못했다면 '체불임금확인원'을 발급받은 후 '법원'에 '지급명령신청'을 해야 합니다.

• 임금체불진정서 •

진정서

진정인: ○○○
○○시 ○○동 123-12(전화: 012-345-6789)

→ 진정인의 이름, 주소, 연락처를 명시합니다. 연락처가 없는 경우, 신속히 연락받을 수 있는
  친지, 친구 등의 연락처를 명시합니다.

피진정인: (주)○○○대표이사 ○○○
○○시 ○○구 ○○동 123-12(전화번호: 012-345-6578)

→ 피진정인은 이른바 임금지급 의무를 지닌 사장(대표이사)이라고 생각하시면 됩니다. 여기에
  서는 자신이 다녔던 회사의 이름, 사장(대표이사), 주소지, 전화번호 등을 명시하고, 정확한
  주소를 알지 못할 경우 연락이 될 수 있는 전화번호를 명시하면 됩니다.

진정요지: 임금체불 등
→ 월급, 각종수당, 퇴직금 등을 지급받지 못한 경우 "임금체불 등"이라고 기재하시면 되며, 구체
  적으로 "퇴직금 지급 건, 2000년 1월 급여지급건" 등으로 명시하셔도 무방합니다.

진정내용

1. 당사자간의 지위

피진정인은 위 주소지의 (주)○○○를 운영하며 ○○제품생산 및 유통을 운영
/관리하는 대표이사이며, 진정인은 피진정인이 운영하는 (주)○○○에 20년
○월○일부로 입사하여 근무하다가 20년 ○월 ○일날 퇴사한 근로자입니다.

→ 간략하게, 자신이 언제 입사하였고 퇴직했다면 언제 퇴직했는지를 기재하고, 자신이 다녔던
   회사의 업종 등 사업내용을 기재하시면 됩니다.

2. 진정내용

가. 진정인은 피진정인의 회사에 입사하여 성실히 근무하여 왔으나, 입사 1개
월이 지나자 본인이 해낼 수 없는 무리한 업무와 야근강요, 업무적인 문제에
대해 진정인에게 전가하는 등 납득되지 않은 행동들로 인해 20년 ○월 ○일부
로 사직할 수밖에 없었습니다.

나. 이후 피진정인에게 1개월치에 대한 임금을 요청하였으나 무시하는 등 방관
하여 2회에 걸쳐 내용증명 발송 및 수차례 독촉전화에도 오히려 협박성 발언을
서슴지 않고 임금에 대한 지불의사를 표시하지 않았습니다. 이는 근로기준법
제36조에 위반하는 행위라 할 수 있습니다.

→ 진정경위 및 내용에 있어서는 피진정인이 무엇을 잘못했는지, 가령 임금을 지급하지 않았다
   면 그 임금의 내용과 금액은 무엇인지, 수당을 지급하지 않았다면 그 수당의 내용과 금액은
   무엇인지, 퇴직금을 지급하지 않았다면 퇴직시점으로부터 14일 이내 피진정인이 지급하지
   않았다는 것 등을 기재하시면 됩니다.
→ 체불임금 등 금품이 복잡하거나, 여러 명의 진정건의 경우 별도의 "체불임금내역서"를 작성하
   여 제출하면 됩니다. 특별한 양식은 없으며, 체불된 임금의 내역 및 금액이 적절하게 명시되
   면 됩니다.
→ 법적인 근거도 명시하면서 진정 내용을 보다 명확하게 하는 것이 필요합니다. 왜냐하면, 임금
   체불 등의 내용은 있고 그 법적인 근거를 명시하지 아니할 경우 조사하는 담당 근로감독관이
   일단 진정인을 무시하기 쉽기 때문입니다. 그리고, 통상적으로 노동자가 퇴직하고 임금 등에
   대하여 진정을 제기할 시, 근로기준법 제36조가 적용되며, 이때 사용자(피진정인)는 퇴직한
   날로부터 14일 이내 임금 등 모든 금품을 청산해야 하며 14일이 경과되어도 지급하지 않는
   경우 근로기준법 제36조 위반 행위의 법적 책임을 져야 합니다. 덧붙여, 보통 임금체불의
   경우 다음과 같은 근로기준법 조항이 적용됩니다.

제36조 (금품 청산) 사용자는 근로자가 사망 또는 퇴직한 경우에는 그 지급 사유가 발생한 때부터 14일 이내에 임금, 보상금, 그 밖에 일체의 금품을 지급해야 한다. 다만, 특별한 사정이 있을 경우에는 당사자 사이의 합의에 의하여 기일을 연장할 수 있다.

제43조 (임금 지급) ① 임금은 통화(通貨)로 직접 근로자에게 그 전액을 지급해야 한다. 다만, 법령 또는 단체협약에 특별한 규정이 있는 경우에는 임금의 일부를 공제하거나 통화 이외의 것으로 지급할 수 있다.
② 임금은 매월 1회 이상 일정한 날짜를 정하여 지급해야 한다. 다만, 임시로 지급하는 임금, 수당, 그 밖에 이에 준하는 것 또는 대통령령으로 정하는 임금에 대하여는 그러하지 아니하다.
〔시행일 2007. 7. 1〕

3. 결 론
이에 피진정인은 진정인의 1개월 급여인 2,000,000원에 대해 빠른 시일 내에 지급해 주기를 바랍니다.
→ 결론에서는 진정 내용 등을 간략하게 언급하고, 조속한 시일 내에 권리가 구제될 수 있도록 언급합니다. 그리고, 피진정인이 체불된 임금을 지급하지 않을 시 "법에 의한 처벌을 받아야 한다"라는 취지를 명시하셔도 됩니다.

20 . . .

위 진정인   ○ ○ ○ (인)

○○지방노동사무소장 귀하

→ 진정서를 제출하는 날짜와 본인의 이름을 명시하고 본인의 도장을 찍고, 관할 지방노동사무소 민원실에 제출하시면 됩니다. 관할 지방노동사무소는 사업장 소재지를 관할하는 노동사무소라고 생각하시면 됩니다.

체불임금확인원

사업체명		사업자등록번호	
대 표 자		연락처	
근로자수		임금정기지급일	
소 재 지			
확인신청내용		확인기간	
사용용도		신청부수	
확인기간			
체불내역		청산여부	
확인근거			
사용용도	이 확인서는 ○○○○법원 ○○○○ 제출 용도 이외에는 사용할 수 없다.		
발급부수			

위와 같이 확인합니다.

20　년　월　일

○○ 지방노동사무소장 (인)

※ 첨부 : 미지급 금품내역 1부

224

✐ 관련기관 주소 및 연락처

중앙노동위원회

서울시 마포구 백범로31길 21 (공덕동 370-4) 산업인력공단 7층
(우) 121-757

별관(조정과) : 서울시 마포구 마포대로 86(도화동 22) 창강빌딩 16층
(조정회의실 5층)

기획총괄과 02) 3273-0226, 3278-8602~20

조정과〔별관〕 02) 3278-8000~11

심판1과 02) 3278-8702~23

심판2과 02) 3278-8752~68

법무지원팀 02-3278-8675~81

버스: 110(파랑: 정릉→정릉), 163(파랑: 월계동→목동), 604(파랑: 신월동→중구청), 7016(초록: 사암동→남영역), 730(파랑: 덕은동→잠실역), 7613(초록: 갈현동→여의도) 한국산업인력공단 하차

지하철: 지하철 5호선 및 6호선 공덕역 하차 2번출구로부터 200m 한국산업인력공단 7층

별관(조정과) : 지하철 5호선 및 6호선 공덕역 8번출구

서울지방노동위원회

서울 강남구 테헤란로 317 (동훈타워) 16~18층

대표번호 02) 541-1195

지하철: 선릉역 5번 출구에서 역삼역 방향으로 직진 100m

버스: 상록회관앞-146, 341, 360, 730

　　　선릉역앞-472, 3218, 3420, 4312, 4428, 6411

부산지방노동위원회

부산시 금정구공단서로 12 (금사동 107-1) 부산지방노동위원회

대표번호: 051) 559-3700

지하철: 4호선 금사역 하차 (1번출구)

버스: 179, 99, 42 (금사중학입구 정류소 하차)

경기지방노동위원회

경기도 수원시 장안구 서부로 2166 (천천동 575-5)

대표번호: 031) 271-3816~7

별관(심판과) : 경기도 수원시 장안구 서부로 2161 (율전동 89-5) 성지빌딩 6층

대표번호: 031) 259-5001~9

버스: 수원시내버스 38, 82-2, 82, 율전성당정류장 하차 성당 10미터 지점

지하철: 성균관대역 왼쪽출구로 나오면 도보 2분 거리

충남지방노동위원회

대전시 서구 선사로 139 정부대전청사 2동 12층

전화번호: 〈조정과〉 042) 481-8070 〈심판과〉 042) 481-8071

지하철: 정부청사역 4번 출구

버스: 102, 605

전남지방노동위원회

광주 북구 첨단과기로 200길 (오룡동 1110-13) 정부광주지방합동청사 저층부 7층 (우: 500-901)

전화번호: 〈심판과〉 062) 975-6100 〈조정과〉 062) 975-6101

버스: 봉선27, 문흥39, 금호46 → 정부합동청사 하차

첨단09, 풍암16, 첨단30, 지원51, 첨단193 →정부합동청사(한국생산기술연구원) 하차

첨단40 → 광주교통방송 하차

첨단20, 임곡91, 첨단92, 첨단94 → 폭스존 하차

경북지방노동위원회

대구시 수성구 동대구로 231 4층

전화번호: 053)667-6500, 6520

버스: 814, 427, 402, 급행3, 수성1-1

지하철: 지하철 2호선 범어역 3번 출구 / 어린이회관 방면 도보 15분

경남지방노동위원회

경남 창원시 의창구 팔용동 34-11 명빌딩 9~11층 641-847

전화번호: 055)266-1744

찾아가는 길

버스: 〈좌석〉 701, 703, 712, 〈일반〉 101, 106, 108, 110, 111, 114, 210, 211, 214, 150, 151, 58, 59 → 창원시외버스 터미널 하차

〈좌석〉 701, 703, 〈일반〉 101, 103, 106, 110, 114, 214, 150, 151, 10, 11, 12, 13, 14, 30, 31, 32, 34, 35 → 창원공고 정류장 하차

〈좌석〉 701, 703, 〈일반〉 101, 103, 106, 110, 114, 214, 150, 151, 10, 11, 12, 13, 14, 30, 31, 32, 34, 35 → 파티마병원정류장 하차

인천지방노동위원회

인천시 남구 경인로 708 (주안4동 300-3) 에이스빌딩 6층

전화번호: 032)430-3100, 3120~30

버스: 인천시청역(3번 출구): 좌석버스(790), 시내버스(8, 33, 41), 천연가스버스(903)

예술회관역(5, 6번 출구) : 시내버스(21, 41)

간석역(1번 출구) : 마을버스(540)

주안역(1, 2번 출구) : 시내버스(2, 3, 41, 63), 마을버스(516, 518, 523)

기타

- 시내버스: 13, 15, 23, 27, 28, 35
- 마을버스: 514, 522
- 광역버스: 1600, 1601, 9100
- 천연가스버스: 911

강원지방노동위원회

강원도 춘천시 후평공단3길 정부춘천지방합동청사 3층

전화번호: 033) 258-3504~13

버스: 8, 33, 41, 64 →(전) 춘천기능대 또는 동광주유소(SK)에서 하차

충북지방노동위원회

충청북도 청주시 흥덕구 1순환로 1047(분평동)

전화번호: 043) 285-0052

버스: 미평방향 버스(832, 411~416, 405) → 충북고등학교앞 하차

전북지방노동위원회

전북 전주시 덕진구 건산로 251(인후동 1가 807-8) 고용노동부종합청사
3층 전북지방노동위원회

전화번호: 063) 240-1600

버스: 3-1, 3-2, 4-1, 4-2, 105 → 고용노동부종합청사 하차

제주지방노동위원회

제주시청사로 22번지 정부제주지방합동청사 5층 (우) 690-755

전화번호: 064) 710-7990

버스: 20번, 46번, 92번 → 도남주유소 정류소에서 하차 후 남쪽방향 5
분 도보

소비자관련
Q&A

다단계업체에서 물건을 구입한 경우

다단계업체로부터 반지를 구입했는데, 그 반지의 경우 맞춤 제품이라 반품이 되지 않고 이러한 점에 대해 제가 직접 서명까지 한 경우, 반품이 가능한가요?

또한 반지 이외의 제품인 화장품은 사용한 것도 있고 완전 제품도 있고 박스를 개봉한 것도 있는데 이 경우 반품이 가능한 것은 어떤 것인가요?

마지막으로 대출을 받을 때 중간 브로커가 개입해서 대출을 받았는데, 중간 브로커가 수수료를 받은 증거는 확보하지 못했으나 다단계 회사 측에서 브로커를 알선하여 그 쪽에 등본 서류를 팩스로 보내 대출이 이루어졌음이 분명한 경우 이 점에 대한 법적 구제수단은 없나요?

답변

1. 물품에 대한 반품 가능 여부

먼저 반품, 즉 청약철회 가능 기간에 대해 설명하겠습니다. 다단계 판매의 방법으로 재화 등의 구매에 관한 계약을 체결한 소비자는 계약서를 교부받은 날로부터 14일 이내에, 다단계판매원으로 가입한 자의 경우는 계약을 체결한 날로부터 3개월 이내에 서면으로 당해 계약에 관한 청약철회 등을 할 수 있습니다(방문판매 등에 관한 법률 제17조 제1항, 제2항).

1. 우선 반지에 대하여 검토하면, 방문판매 등에 관한 법률 제17조,

제8조 제2항 제5호 및 같은 법 시행령 제11조에 의하면 소비자의 주문에 의하여 개별적으로 생산되는 재화 등에 대하여 청약철회 등을 인정하는 경우 방문판매자 또는 전화권유판매자(이하 "방문판매자등"이라 한다)에게 회복할 수 없는 중대한 피해가 예상되는 경우로서 판매자가 사전에 당해 거래에 대하여 별도로 그 사실을 고지하고 소비자의 서면(전자문서를 포함한다)에 의한 동의를 얻은 경우에는 청약철회를 할 수 없다고 나와 있습니다.

본 건의 경우, 반지가 맞춤재화로서의 성격을 가진다고 하더라도 사전에 당해 거래에 대하여 충분한 고지가 이루어지지 않았다면 청약철회를 하실 수 있을 것으로 보입니다.

2. 다음으로 나머지 물품(화장품 등)에 대해서 검토해보면, 일단 사용한 것에 대하여는 반품이 불가능합니다(방문판매 등에 관한 법률 제8조 제2항 제1호). 나머지 사용하지 않은 물품은 반품이 가능하지만 사용한 물품 또는 일부 소비에 의하여 그 가치가 현저히 감소한 경우에는 청약철회가 불가능합니다.

박스(포장) 경우는 박스 훼손이 재화 등의 내용을 확인하기 위해 이루어진 것이라면 청약철회가 가능합니다(방문판매 등에 관한 법률 제8조 제2항 제1호 단서). 그리고 위 법에 의하면 청약철회가 가능하다고 규정되어 있을 뿐 훼손된 포장부분에 대한 값을 반품 시 공제할 수 있다고는 나와 있지 않으므로 공제 없이 반품이 가능할 것으로 보입니다.

청약철회 방법은 서면(내용증명 우편 등)을 통해서 하실 수 있습니다. 다만 청약철회의사를 표시하였는데도 업체 측에서 받아들여주지 않는다면 공정거래위원회, 한국소비자원, 자율분쟁조정위원회(http://www.amco.or.kr)에 도움을 요청하시기 바랍니다.

2. 브로커를 통한 대출계약

브로커를 통해서 대출계약이 이루어졌다는 이유만으로는 법적으로 문제 제기를 할 수 없습니다. 일정한 중개수수료를 중간에서 챙긴 직접적 증거가 발견되지 않는다면 금융감독원에 구제를 신청해도 별다른 소용이 없을 것으로 보이지만 금융감독원이 주무관청인 만큼 문의해 볼 필요는 있을 것 같습니다.

관련법률

방문판매 등에 관한 법률

제8조

① 방문판매 또는 전화권유판매(이하 "방문판매등"이라 한다)의 방법으로 재화등의 구매에 관한 계약을 체결한 소비자는 다음 각호의 기간(거래 당사자 사이에 다음 각호의 기간보다 긴 기간으로 약정한 경우에는 그 기간) 이내에 당해 계약에 관한 청약철회 등을 할 수 있다.

1. 제7조 제2항의 규정에 의한 계약서를 교부 받은 날부터 14일. 다만, 그 계약서를 교부받은 때보다 재화 등의 공급이 늦게 이루어진 경우에는 재화 등을 공급받거나 공급이 개시된 날부터 14일

2. 제7조 제2항의 규정에 의한 계약서를 교부받지 아니한 경우, 방문판매자 등의 주소 등이 기재되지 아니한 계약서를 교부받은 경우 또는 방문판매자 등의 주소 변경 등의 사유로 제1호의 기간 이내에 청약철회 등을 할 수 없는 경우에는 그 주소를 안 날 또는 알 수 있었던 날부터 14일

② 소비자는 다음 각호의 1에 해당하는 경우에는 방문판매자등의 의사에 반하여 제1항의 규정에 의한 청약철회 등을 할 수 없다. 다만, 방문판매자등이 제6항의 규정에 따른 조치를 하지 아니하는 때는 제2호 내지 제

4호에 해당하는 경우에도 청약철회 등을 할 수 있다. 〔개정 2007. 1. 19〕
〔시행일 2007. 4. 20〕

1. 소비자에게 책임 있는 사유로 재화 등이 멸실 또는 훼손된 경우. 다만, 재화 등의 내용을 확인하기 위해 포장 등을 훼손한 경우를 제외한다.
2. 소비자의 재화 등의 사용 또는 일부 소비에 의하여 그 가치가 현저히 감소한 경우
3. 시간의 경과에 의하여 재판매가 곤란할 정도로 재화 등의 가치가 현저히 감소한 경우
4. 복제가 가능한 재화 등의 포장을 훼손한 경우
5. 그 밖에 거래의 안전을 위해 대통령령이 정하는 경우

③ 소비자는 제1항 또는 제2항의 규정에 불구하고 재화 등의 내용이 표시·광고의 내용과 다르거나 계약내용과 다르게 이행된 경우에는 당해 재화 등을 공급받은 날부터 3월 이내, 그 사실을 안 날 또는 알 수 있었던 날부터 30일 이내에 청약철회 등을 할 수 있다.

④ 제1항 또는 제3항의 규정에 의한 청약철회 등을 서면으로 하는 경우에는 청약철회 등의 의사표시가 기재된 서면을 발송한 날에 그 효력이 발생한다.

⑤ 제1항 내지 제3항의 규정을 적용함에 있어서 재화 등의 훼손에 대하여 소비자의 책임이 있는지의 여부, 계약이 체결된 사실 및 그 시기, 재화 등의 공급사실 및 그 시기 또는 계약서의 교부사실 및 그 시기 등에 관하여 다툼이 있는 경우에는 방문판매자 등이 이를 입증해야 한다.

⑥ 방문판매자 등은 제2항 제2호 내지 제4호의 규정에 의하여 청약철회 등이 불가능한 재화 등의 경우 그 사실을 재화 등의 포장 기타 소비자가 쉽게 알 수 있는 곳에 명기하거나 시용(試用) 상품을 제공하는 등의 방법으로 청약철회 등의 권리의 행사가 방해받지 아니하도록 조치해야 한다. 〔개정 2007. 1. 19〕〔시행일 2007. 4. 20〕

제17조

① 제8조의 규정은 다단계판매의 방법으로 재화 등의 구매에 관한 계약을 체결한 소비자가 청약철회 등을 하는 경우에 이를 준용한다. 이 경우 "방문판매자등"은 "다단계판매자"로 본다. 다만, 소비자가 다단계판매원과 재화 등의 구매에 관한 계약을 체결한 경우에는 다단계판매원에게 우선적으로 청약철회 등을 하고, 다단계판매원의 소재불명 등 대통령령이 정하는 사유로 인하여 다단계판매원에 대하여 청약철회 등을 하는 것이 곤란한 경우에 한하여 소비자는 당해 재화 등을 공급한 다단계판매업자에게 청약철회 등을 할 수 있다.

② 다단계판매의 방법으로 재화 등의 구매에 관한 계약을 체결한 다단계판매원은 다단계판매업자에게 재고의 보유를 허위로 알리는 등의 방법으로 재화 등의 재고를 과다하게 보유한 경우, 재판매가 곤란한 정도로 재화 등을 훼손한 경우 그 밖에 대통령령이 정하는 경우를 제외하고는 계약을 체결한 날부터 3월 이내에 서면으로 당해 계약에 관한 청약철회 등을 할 수 있다.

절차

청약철회 방법으로 제시한 내용증명 우편을 어떻게 보내는지 알아봅시다.

작성방법

① 제목: 편지의 목적을 쓴다. '계약해제 통보', '손해배상 청구' 등으로 쓴다. '내용증명'이라고 쓰는 경우는 적합하지 않다.

② 수신인, 발신인, 주소, 성명: 당사자의 주소를 정확히 기재한다. 반드시 봉투 겉면 주소와 일치해야 한다.

③ 본문: 사실관계와 자기주장을 쓴다. 가능한 한 6하원칙에 따라 상세히 기술하고 요구사항의 내용과 근거를 분명히 제시하고 철회하겠다는

의사표시를 분명히 명기한다.

④ 발신일자, 발신인: 발송 날짜를 쓰고 발신인에 도장을 찍거나 사인한
   다.

⑤ 기타: 내용은 반드시 한글 또는 한자로 써야 한다. 영어는 고유명사
   와 첨부물에 한해 쓸 수 있다.

내용증명 발송방법

① 내용증명 편지를 A4용지에 작성(원본) 후 3부를 복사(등본) 해 발신인
   에 날인한다.

② 우체국에 제출하고 내용증명으로 발송해 주도록 요청한다.

③ 원본을 우체국 직원이 보는 앞에서 봉투에 넣고 봉함하여 제출하면
   원본은 수신인에게 발송하고 등본 1통은 발신인에게, 나머지 1통은
   우체국에서 보관하게 된다.

청약 철회 통지서

1. 수신
- 판매업체명: ○○○○
- 주소: ○○시 ○○구 ○○동 ○○빌딩 ○○층
- 전화번호: ○○○-○○○-○○○○

2. 발신
- 성명: ○○○
- 주소: ○○시 ○○구 ○○동 ○○-○번지
- 전화번호: ○○○-○○○-○○○○

3. 제품명: ○○도서 전집

4. 판매원: ○○○

5. 계약일: ○○○○년 ○○월 ○○일

6. 상품인도일: ○○○○년 ○○월 ○○일

7. 해약사유: ○○○○년 ○○월 ○○일날 방문판매원 ○○○에게 ○○도서 전집을 구매하였으나 판매원을 말과는 달리 책의 상태와 내용이 올바르기 않은 것을 확인하고 이에 계약을 해지하고자 하오니 환불 조치를 취해 주시기 바랍니다.

위와 같은 사유로 계약의 해제를 통보합니다.

200 년   월   일

통고인: (인)

✐ 관련기관 주소 및 연락처

공정거래위원회

서울시 서초구 반포대로 217번지 (우) 137-966

전화번호: 02) 2023-4010

한국소비자원

서울특별시 서초구 양재대로 108번지 (우) 137-700

전화번호: 국번없이 1372, 02-3460-3000

질문

전자상거래

인터넷 쇼핑몰에서 선물용 화장품을 구매하고 샘플을 받았습니다. 샘플을 하나 사용했는데 본품은 그대로입니다. 반품을 하고 싶은데 샘플을 하나라도 사용하면 반품이 안 된다는데 본품에는 손도 대지 않았습니다. 사전에 샘플 사용 후엔 반품이나 교환이 불가능하다는 공지를 본적도 없습니다. 반품을 할 수 없는 것인가요?

답변

우선 인터넷 쇼핑몰에서 물건을 구입할 경우 전자상거래 등에서의 소비자 보호에 관한 법률의 규정이 적용됩니다.

1. 청약철회 가능기간 (교환, 환불가능기간)

"전자상거래 등에서의 소비자 보호에 관한 법률"(이하 법) 제17조에 의하면 "계약내용에 관한 서면을 교부받은 날부터 7일. 단, 그 서면을 교부받은 때보다 재화 등의 공급이 늦게 이루어진 경우에는 재화 등의 공급을 받거나 공급이 개시된 날부터 7일" 동안 청약철회를 할 수 있다고 규정하고 있습니다. 이 규정에 따르면 단순히 소비자의 변심으로 인한 경우에도 이 기간 내에는 교환 및 환불이 가능합니다.

2. 샘플 사용 시 청약철회가 가능한지 여부

이 법 제17조 제2항 제2호에 의하면 "소비자의 사용 또는 일부 소비에 의하여 재화 등의 가치가 현저히 감소한 경우"에는 청약철회를 할 수 없다고 규정하고 있습니다.

다만 사안과 같은 경우, 일반적·통상적으로 샘플 사용만으로 본품의 가치가 현저히 감소하였다고 보기는 어렵다고 판단됩니다. 샘플은 말 그대로 시용(試用) 상품으로서 시험 삼아 소비자들에게 사용을 권하는 제품이므로 이를 사용했다고 해서 청약철회를 할 수 없게 한다면 샘플제품을 만든 취지가 몰각되는 것입니다. 그러므로 사안의 경우 청약철회 기간 내에 청약철회가 가능하다고 판단됩니다.

3. 사업자 약관에 샘플 사용 시 청약철회 불가함이 규정된 경우 대응 방안

만약 사업자 약관에 샘플 사용 시 청약철회가 불가하다고 규정되어 있을 경우라고 하더라도 약관의 규제에 관한 법률(이하 약관규제법) 제3조 제3항, 제4항의 규정에 의하여 위 약관 규정 사항을 계약의 내용으로 주장할 수 없을 것으로 판단됩니다.

약관규제법 제3조 제3항은 "사업자는 약관에 정하여져 있는 중요한 내용을 고객이 이해할 수 있도록 설명해야 한다"고 규정하고 있습니다. 그리고 약관규제법 제4항은 이러한 의무를 위반할 시 당해 약관을 계약의 내용으로 주장할 수 없다고 규정하고 있습니다.

샘플 사용 시 청약철회를 할 수 없다는 것은 계약의 중요한 내용으로 볼 수 있으므로 사업자가 이에 대하여 어떠한 설명이 없었다면 계약의 내용으로 주장할 수 없을 것입니다.

4. 후속조치

전화나 메일로 환불 의사표시를 하셨으나 효과가 없을 경우, 내용증명 우편을 보내시기 바랍니다. 내용증명은 서면 내용의 정확한 전달은 물론 발송 사실에 대한 증거로서 활용되므로 "청약철회 통보서" 양식을 이용하여 작성하신 후(3부) 우체국에 마련된 접수창구에서 내용증명우편확인을 받아 발송하면 됩니다(작성 및 발송방법은 앞 사례 절차부분 참조).

내용증명 우편을 발송하신 후 적절한 조치가 취해지지 않는다면 전자거래분쟁조정위원회에 조정을 신청하시어 구제를 받으실 수 있습니다. 조정위원회에서는 사업자와 소비자 간 조정을 통해 원만한 해결을 진행하고 있습니다.

관련법률

전자상거래 등에서의 소비자 보호에 관한 법률

제17조 (청약철회등)

① 통신판매업자와 재화 등의 구매에 관한 계약을 체결한 소비자는 다음 각호의 기간(거래당사자가 다음 각호의 기간보다 긴 기간으로 약정한 경우에는 그 기간을 말한다) 이내에 당해 계약에 관한 청약철회 등을 할 수 있다.

1. 제13조 제2항의 규정에 의한 계약내용에 관한 서면을 교부받은 날부터 7일. 단, 그 서면을 교부받은 때보다 재화 등의 공급이 늦게 이루어진 경우에는 재화 등의 공급을 받거나 공급이 개시된 날부터 7일.

2. 제13조 제2항의 규정에 의한 계약내용에 관한 서면을 교부받지 아니한 경우, 통신판매업자의 주소 등이 기재되지 아니한 서면을 교부받은 경우 또는 통신판매업자의 주소 변경 등의 사유로 제1호의 기간 이내에

청약철회 등을 할 수 없는 경우에는 그 주소를 안 날 또는 알 수 있었던 날부터 7일.

② 소비자는 다음 각호의 1에 해당하는 경우에는 통신판매업자의 의사에 반하여 제1항의 규정에 의한 청약철회 등을 할 수 없다. 다만, 통신판매업자가 제6항의 규정에 따른 조치를 하지 아니하는 때는 제2호 내지 제4호에 해당하는 경우에도 청약철회 등을 할 수 있다.〔개정 2005. 3. 31〕〔시행일 2005. 7. 1〕

1. 소비자에게 책임 있는 사유로 재화 등이 멸실 또는 훼손된 경우. 다만, 재화 등의 내용을 확인하기 위해 포장 등을 훼손한 경우를 제외한다.

2. 소비자의 사용 또는 일부 소비에 의하여 재화 등의 가치가 현저히 감소한 경우.

3. 시간의 경과에 의하여 재판매가 곤란할 정도로 재화 등의 가치가 현저히 감소한 경우.

4. 복제가 가능한 재화 등의 포장을 훼손한 경우.

5. 그 밖에 거래의 안전을 위해 대통령령이 정하는 경우.

③ 소비자는 제1항 및 제2항의 규정에 불구하고 재화 등의 내용이 표시·광고 내용과 다르거나 계약내용과 다르게 이행된 경우에는 당해 재화 등을 공급받은 날부터 3월 이내, 그 사실을 안 날 또는 알 수 있었던 날부터 30일 이내에 청약철회 등을 할 수 있다.

④ 제1항 또는 제3항의 규정에 의한 청약철회 등을 서면으로 하는 경우에는 그 의사표시가 기재된 서면을 발송한 날에 그 효력이 발생한다.

⑤ 제1항 내지 제3항의 규정을 적용함에 있어서 재화 등의 훼손에 대하여 소비자의 책임이 있는지의 여부, 재화 등의 구매에 관한 계약이 체결된 사실 및 그 시기, 재화 등의 공급사실 및 그 시기 등에 관하여 다툼이 있는 경우에는 통신판매업자가 이를 입증해야 한다.〔개정 2005. 3. 31〕

⑥ 통신판매업자는 제2항 제2호 내지 제4호의 규정에 의하여 청약철회 등이 불가능한 재화 등의 경우에는 그 사실을 재화 등의 포장 기타 소비

자가 쉽게 알 수 있는 곳에 명기하거나 시용(試用) 상품을 제공하는 등의 방법으로 청약철회 등의 권리 행사가 방해받지 아니하도록 조치해야 한다.〔개정 2005. 3. 31〕〔시행일 2005. 7. 1〕

약관의 규제에 관한 법률

제3조 (약관의 작성 및 설명의무 등)

① 사업자는 고객이 약관의 내용을 쉽게 알 수 있도록 한글로 작성하고, 표준화·체계화된 용어를 사용하며, 약관의 중요한 내용을 부호, 색채, 굵고 큰 문자 등으로 명확하게 표시하여 알아보기 쉽게 약관을 작성해야 한다.〔개정 2011. 3. 29〕〔시행일 2011. 6. 30〕

② 사업자는 계약을 체결할 때는 고객에게 약관의 내용을 계약의 종류에 따라 일반적으로 예상되는 방법으로 분명하게 밝히고, 고객이 요구할 경우 그 약관의 사본을 고객에게 내주어 고객이 약관의 내용을 알 수 있게 해야 한다. 다만, 다음 각 호의 어느 하나에 해당하는 업종의 약관에 대하여는 그러하지 아니하다.〔개정 2011. 3. 29〕〔시행일 2011. 6. 30〕

 1. 여객운송업

 2. 전기·가스 및 수도사업

 3. 우편업

 4. 공중전화 서비스 제공 통신업

③ 사업자는 약관에 정하여져 있는 중요한 내용을 고객이 이해할 수 있도록 설명해야 한다. 다만, 계약의 성질상 설명하는 것이 현저하게 곤란한 경우에는 그러하지 아니하다.

④ 사업자가 제2항 및 제3항을 위반하여 계약을 체결한 경우에는 해당 약관을 계약의 내용으로 주장할 수 없다.

〔전문개정 2010. 3. 22〕

관련기관 주소 및 연락처

전자상거래 분쟁조정위원회

서울특별시 송파구 중대로 113 전자거래분쟁조정위원회

전화번호: 국번없이 1661-5714

행정관련
Q&A

질문

북한에서의 경력을 인정받는 방법

북한에서 의사를 하다가 남한으로 오게 되었는데, 남한에서도 의사로 일하고 싶습니다. 어떻게 해야 하나요?

답변

현재 북한이탈주민이 국내 자격인정을 받을 수 있는 면허증은 의사·치과의사·한의사·약사·간호사이며, 자격증은 건축·토목기사 등 20여 가지입니다.

위 면허증 및 자격증의 경우 국가기술자격 검정 과목의 전부 또는 일부를 면제하는 방법으로 자격을 인정해주고 있는데 이를 위해서는 통일부 장관에게 자격인정신청서를 작성하여 제출해야 합니다. 이후 심사결과에 따라 자격의 인정 여부가 정해지게 됩니다.

의사, 약사, 간호사 등 의료면허의 경우에는 보건복지부 보건의료인 국가시험원에서 의대 교수를 맡고 있는 심의원 5명이 질문을 하여 이를 통과할 경우 의사시험 응시자격이 주어지게 됩니다.

관련법률

북한이탈주민의 보호 및 정착지원에 관한 법률
제 14조 (자격 인정)
① 보호대상자는 관계 법령에서 정하는 바에 따라 북한이나 외국에서 취

득한 자격에 상응하는 자격 또는 그 자격의 일부를 인정받을 수 있다.

② 통일부장관은 자격 인정 신청자에게 대통령령으로 정하는 바에 따라 자격 인정을 위해 필요한 보수교육 또는 재교육을 실시할 수 있다.

북한이탈주민의 보호 및 정착지원에 관한 법률 시행령

제28조 (자격 인정 절차)

① 법 제14조에 따라 자격을 인정받으려는 보호대상자는 통일부장관에게 자격인정신청서를 제출해야 한다.

② 제1항에 따른 신청서를 제출받은 통일부장관은 신청내용에 대한 확인서를 첨부하여 이를 해당 자격 인정 업무를 관장하는 기관(민간기관을 포함한다. 이하 같다)의 장에게 송부해야 한다.

③ 제2항에 따른 신청서와 확인서를 송부받은 기관의 장은 이를 송부받은 날부터 3개월 이내에 보호대상자의 자격 인정 여부 및 자격인정을 위해 보수교육 또는 재교육(이하 "보수교육등"이라 한다)이 필요한지를 결정하여 그 결과를 통일부장관에게 통보하고, 통일부장관은 이를 신청인에게 통지해야 한다.

북한이탈주민의 보호 및 정착지원에 관한 법률 시행규칙 제2조

(학력 · 자격 인정의 신청 등)

① 「북한이탈주민의 보호 및 정착지원에 관한 법률 시행령」(이하 "영"이라 한다) 제27조 제2항 및 제28조 제1항에 따른 학력인정이나 자격인정을 받으려는 사람은 별지 제1호서식의 학력인정 · 자격인정 신청서에 그 학력이나 자격을 증명하는 자료를 첨부하여 통일부장관에게 제출해야 한다.

통일부 홈페이지(http://www. unikorea. go. kr) → 소통마당 → 민원안
내 → 이산가족 및 탈북자 → 학력 및 자격인정신청서 에서 신청서 양식
을 받은 후에 학력 및 자격인정 신청서에 그 자격을 증명하는 자료를 첨
부하여 통일부에 우편으로 제출하시면 됩니다.

✐ 관련기관 주소 및 연락처

통일부 홈페이지(http://www. unikorea. go. kr)
통일부 정착지원과: 02-2100-5783

[별지 제1호서식]　　　　　　　　　　　　　　　　　　　　　　　　　（앞쪽）

| 접수번호 | ☐ 학력인정 신청서 | | 처리기간 |
| | ☐ 자격인정 | | |

신청인	성　명		보호번호	
	주민등록번호		입국일	
	주　소		전화번호	

이수학력	기　간	이수학교명	전　공	졸업여부

| 자격사항 | 취득일 | 자격종목 | 등　급 | 보수교육 |
| | | | | ☐ 필　요
☐ 불필요 |

자격관련경력사항	기　간	근무지	직　책	비　고

　　북한이탈주민의보호및정착지원에관한법률시행령　제27조제2항·제28조제1항
및 동법시행규칙 제2조제1항의 규정에 의하여 학력·자격인정을 신청합니다.

　　　　　　　　　　　　년　　　　　월　　　　　일

　　　　　　　　　　　신청인　　　　　　　　（서명 또는 인）

통　일　부　장　관　귀하

| ※ 구비서류 | 수수료 |
| 1. 학력·자격인정에 필요한 자료 | 없　음 |

11022-01611 민
'99.2.23. 승인

210㎜ × 297㎜
（일반용지 60g/㎡）

학력인정 관련 상세자료

1. 학교현황

　o 연혁 :

　o 위치 :

　o 소속 :

　o 과정(교육기간) :
　　* 몇 년제 학교인지 밝히십시오.

　o 학교의 부설학과 :
　　* 어떤 학과가 학교에 있는지 밝히십시오.

　o 학생수 및 교직원수 :
　　- 전체 학생수 및 본인이 다닌 학과의 학생수 :

　　- 전체 교직원 수 :

　o 입학과정과 입학자격 :

o 학교시설 :

2. 학년별 이수과목 및 수업시간
   * 수업과목과 시간을 가능한 한 구체적으로 꼼꼼하게 적어 주십시오.
   * 예) 1학년: 행정학 개론(3시간)

   o 1학년 :

   o 2학년 :

   o 3학년 :

   o 4학년 :

   o 5학년 :

   o 6학년 :

3. 강의형태

  o 강의구성 :

  o 실습교육 :

4. 졸업자격

  o 졸업기준 :
  * 몇점 이하면 낙제인지 몇 과목을 들어야 하는지 등을 밝히십시오.

  o 졸업방식 :

   - 졸업시험 :

   - 졸업논문 :

   - 논문심사체계 :

5. 기타 사항

  o 취득 자격 :

   - 해당 자격의 취득 방법 :

    - 해당 자격의 최상의 급수와 최하위 급수 :

   o 졸업이후 활동 경력 :

6. 그 외 추가로 자유롭게 기술하십시오.

북한에서의 학력 인정

아이들이 북한에서 학교를 졸업한 학력이 남한에서도 인정되나요? 첫째는 전문대학을 졸업하였고 둘째는 북한 중학교 5학년을 다니다가 남한으로 왔습니다.

답변

북한에서 전문대학 이상의 학력을 이수한 경우에는 통일부에 '학력인정'을 신청해야 하며, 중학교(북한의 중학교) 이하의 학력을 이수한 경우에는 거주하는 지역의 시·도교육청의 학력심의회를 통해 학력인정을 받을 수 있습니다.

북한의 소학교는 4년, 중학교는 6년인 데 반해 남한의 초등학교는 6년, 중·고등학교는 각 3년씩 6년이므로 2년가량의 차이가 있습니다. 따라서 북한의 중학교 5학년의 경우는 남한의 중학교 3학년 내지 고등학교 1학년 정도에 해당하나, 문화나 언어 등을 배우고 적응하기 위해 그보다 2, 3년 낮추어 하위 학년에 편입하는 것이 좋을 듯합니다. 편입을 위해서는 해당 학교에 개인적으로 문의하여 편입이 가능한지를 먼저 알아보는 것이 필요한데, 편입을 거절하는 경우에는 학년을 달리하여 편입을 신청하거나 다른 학교를 알아보아야 할 것입니다.

북한이탈주민의 보호 및 정착지원에 관한 법률

제13조 (학력 인정) 보호대상자는 대통령령으로 정하는 바에 따라 북한이나 외국에서 이수한 학교 교육의 과정에 상응하는 학력을 인정받을 수 있다.

북한이탈주민의 보호 및 정착지원에 관한 법률 시행령

제27조 (학력 인정 기준 및 절차)

① 보호대상자가 북한이나 외국에서 이수한 학력은 교육 관계 법령에서 정하는 기준에 따라 이를 인정한다.

② 법 제13조에 따라 학력을 인정받으려는 보호대상자는 통일부장관에게 학력인정신청서를 제출해야 한다. 다만, 보호대상자가 「초·중등교육법」에 따른 학력 인정을 받으려는 경우에는 같은 법 시행령 제96조 부터 제98조까지, 제98조의2 및 제98조의3에 따라야 한다.

북한이탈주민의 보호 및 정착지원에 관한 법률 시행규칙

제2조 (학력·자격 인정의 신청 등)

① 「북한이탈주민의 보호 및 정착지원에 관한 법률 시행령」(이하 "영"이라 한다) 제27조 제2항 및 제28조 제1항에 따른 학력인정이나 자격인정을 받으려는 사람은 별지 제1호서식의 학력인정·자격인정 신청서에 그 학력이나 자격을 증명하는 자료를 첨부하여 통일부장관에게 제출해야 한다.

학력 및 자격인정 신청서에 그 학력을 증명하는 자료를 첨부하여 통일부
장관에게 제출해야 합니다. 자세한 절차는 자격인정신청과 동일합니다.

✎ 관련기관 주소 및 연락처

통일부 홈페이지 (http://www. unikorea. go. kr)
통일부 정착지원과: 02-2100-5783

여권을 발급받는 방법

외국으로 나가려고 하는데 여권이 필요하다고 합니다. 어떻게 발급받을
수 있나요?

답변

여권은 시청이나 구청에서 발급받으실 수 있습니다. 여권용 사진 2장을
미리 준비해 둡니다. 이때 사진관에 가서 여권용 사진이라고 말씀을 하
셔야 합니다. 여권용 사진은 요구되는 규정이 있기 때문에 보통 사진과
다르게 촬영합니다. 여권용 사진을 들고 시청이나 구청의 여권과에 가서
구비되어 있는 '여권발급신청서'를 작성하시고 신청서에 사진을 붙인 후
신청서와 신분증, 수수료를 직원에게 제출합니다. 이전에 여권을 발급
받은 적이 있고 그 여권의 유효기간이 남아 있다면 반드시 함께 제출하
셔야 합니다.

여권을 신청할 때는 여권 종류를 선택해야 하는데 여권을 사용할 수
있는 유효기간이 다릅니다. 10년 동안 사용할 수 있는 것과 5년 동안 사
용할 수 있는 것, 단 한 번만 사용할 수 있는 것이 있습니다. 보통 10년
이나 5년을 선택합니다.

신청서에는 등록기준지를 적어야 하는데 가족관계증명서나 기본증명
서를 구청에서 떼어보면 나옵니다.

신청한 여권은 평균 4일 정도 후에 받으실 수 있으며, 시청이나 구청
에 직접 방문하시거나 택배로 받으실 수 있습니다.

※ 여권발급에 필요한 것을 정리하면 다음과 같습니다.

1. 여권발급신청서 1부

2. 6개월 이내에 촬영한 여권용 사진 2매

3. 신분증

4. 수수료(5년 초과 10년 이내: 55,000원 / 5년: 45,000원 / 단수: 20,000원)

5. 이전에 발급받은 여권이 있는 경우 그 여권

※ 미성년자일 경우에는 추가로 더 필요한 준비물이 있습니다.

6. 가족관계증명서 1부

7. 기본증명서 1부

8. 친권자의 여권발급 동의서

9. 인감증명서

10. 재산세 납입 증명서 1부

(가족관계증명서와 재산세 납입 증명서는 비자발급 시에도 사용되니 동사무소에서 1부씩 더 발급받으시는 것이 편합니다.)

[별지 제1호서식]

(앞 쪽) 전자여권

※ 검은색 펜으로 굵은선 안에만 기재

여 권 (재) 발 급 신 청 서

접수시군 ☐☐☐☐

← 35㎜ → ※ 사 진 · 6개월이내 촬영한 천연색 정면사진(귀가 보여야 함) · 흰색 바탕의 무배경 사진 · 색안경과 모자 착용 금지 · 가로 35㎜, 세로 45㎜ (얼굴 길이: 25㎜~35㎜)		

접 수 번 호		신원조사접수번호	
접 수 연 월 일		신 원 조 사 회 보 일	
여 권 번 호		신 원 조 사 결 과	
발 급 연 월 일		여 권 유 효 기 간	

여권종류	☐ 일반 ☐ 거주 ☐ 관용 ☐ 외교관 여행증명서(☐ 왕복 ☐ 편도)
여권기간	☐ 10년 ☐ 5년 ☐ 5년미만 ☐ 단수 ☐ 기간연장 재발급

※ 영문성명은 해외에서의 신원확인 기준이 되며 변경이 엄격히 제한되므로 정확하게 기재하시기 바랍니다.

성명	영문 (대문자)	성	☐☐☐☐☐☐☐☐☐	※영문성명은 기재하기 전에 반드시 뒷면「영문성명 기재요령」을 참고하시기 바랍니다.
		이 름	☐☐☐☐☐☐☐☐☐	
	한 글		☐☐☐☐☐☐	※ 남편 성(영문대문자)은 필요시 기재하시기 바랍니다.
주민등록번호			☐☐☐☐☐☐-☐☐☐☐☐☐☐	

현 주 소 (주민등록표상)	※ 주민등록상의 주소를 번지(아파트 등의 경우 동, 호수)까지 정확하게 기재하시기 바랍니다.			
여행 예정국가		여행목적	직장명(직위)	e-mail
전화번호		휴대전화 ☐☐☐-☐☐☐☐-☐☐☐☐	혈액형(ABO)	신장(㎝)

등록기준지(본적지)	

※ 긴급연락처는 해외여행 중 각종 사고 발생 시 재외국민 보호를 위하여 필요합니다.

국내 긴급연락처	성 명		관 계	전 화 (휴대전화)	( )
	주 소			직장(학교)명	

※ 여권명의인의 나이가 만18세 미만인 경우에는 법정대리인(부모·친권자 또는후견인)의 인적사항을 기재하시기 바랍니다.

법정대리인	성 명	☐☐☐☐☐☐	관 계	
	주민등록번호	☐☐☐☐☐☐-☐☐☐☐☐☐☐		

이 신청서에 기재한 내용은 사실과 다름이 없으며, 「여권법」제9조에 따라 여권발급을 신청합니다.
※ 여권 발급에 필요한 사항을 확인하기 위한 행정정보 공동이용 서비스의 이용에 동의합니다.(예 , 아니오)

신청인(여권명의인) 성명(한글)_____ (한자)_____ 서명_____

년   월   일

외 교 통 상 부 장 관 귀 하

※ 해외거주 중 재외공관에서 신청시에는 추가로 아래 사항을 기재하기 바랍니다.

					(영 수 필 증)	(납 입 필 증)		
거주지주소								
영주권	번 호		거 주 지	입국일자	특기사항			
	취득일			체류자격	심사란	접 수 자	심 사 자	발 급 자

※ 작성하시기 전에 뒷면에 기재된 유의사항 및 영문성명 기재요령을 읽어보시기 바랍니다. 210㎜×297㎜(보존용지 120g/㎡)

※ 유 의 사 항

1. 여권은 해외에서의 유효한 신분증이므로 반드시 본인이나 법정대리인이 잘 보관하여야 합니다.
2. 만 18세 미만인 사람은 유효기간 5년 이내의 여권만 발급받을 수 있습니다.
3. 사진이 흐릿하거나 임의로 조작된 것인 경우에는 위조여권이나 타인명의 여권으로 오인되어 출입국 시 불이익을 받을 수 있습니다.
4. 다른 사람에 의한 무단 서명이나 거짓의 사실 기재 시 「여권법」 관련 규정에 따라 처벌을 받게 되며, 여권명의인도 불이익을 받을 수 있습니다.
5. 여권발급 신청인 등은 여권당국이 여권발급 신청서류의 내용과 사진 등을 심사하기 위하여 확인을 요청하는 경우 이에 응하여야 합니다.
6. 새로운 여권을 재발급받으려면 기존에 소지하고 있는 여권을 반납하여야 합니다.
7. 단수여권과 여행증명서는 한 차례만 외국을 여행할 수 있는 여행문서입니다.
8. 여권을 잃어버린 경우에는 외교통상부나 여권사무 대행기관에 분실신고를 하거나 재발급 신청을 할 수 있습니다.
9. 발급된 후 6개월 이내에 찾아가지 않은 여권은 자동적으로 폐기되며 발급수수료는 반환되지 않습니다.
10. 여권 발급을 신청한 때부터 수령할 때까지 국내에서는 통상 1주일 정도(토·일요일, 공휴일 제외)의 기간이 걸립니다.
11. 사증(VISA)이 필요한 국가를 여행하기 위해서는 여행을 가기 전에 미리 사증을 받아야 하며, 대부분의 국가는 여권 유효기간이 6개월 이상 남은 경우에만 사증을 발급하고 있습니다.
12. 이 신청서는 기계로 판독되므로 접거나 찢는 등 훼손되지 않도록 주의하기 바랍니다.
13. 이 신청서의 기재사항에 오류가 있을 경우 신청인에게 불이익이 돌아갈 수 있으므로 정확하게 기재하기 바랍니다.
14. 행정정보 공동이용 서비스의 이용에 동의하는 경우 병적증명서는 제출하지 않아도 됩니다.

※ 영문성명 기재 요령

1. 여권의 영문 성(姓)은 특별한 사유가 없는 경우 여권을 이미 발급 받은 가족 구성원의 영문 성(姓)과 될 수 있으면 일치시키기 바랍니다.
2. 대리인이 영문성명을 잘못 기재하여 여권이 발급된 경우에도 영문성명의 변경은 엄격하게 제한되며 이로 인한 불이익은 여권명의인이 감수해야 합니다.
3. 영문성명은 국제규정(ICAO Doc 9303)에 따라 한글성명을 라틴문자(영어 알파벳)로 음역(音譯) 표기하여야 합니다.
4. 영문이름은 붙여 쓰는 것을 원칙으로 하되, 음절 사이에 붙임표(-)를 쓰는 것도 가능합니다. (예 : GILDONG, GIL-DONG) 다만, 기존 여권에 이름을 띄어 쓴 경우(예: GIL DONG)에는 계속 그대로 띄어쓸 수 있습니다.
5. "여권 재발급"을 받는 경우 원칙적으로 종전 여권의 영문성명(남편 성과 띄어쓰기 포함)은 그대로 사용하여야 합니다.

여권을 발급해주지 않을 경우

여권을 신청했지만 북한이탈주민이라는 이유로 여권을 발급해주지 않으면 어떻게 해야 하나요?

답변

정당한 이유 없이 여권의 발급을 거부했다면 외교통상부 장관을 상대로 여권발급거부취소 소송을 제기할 수 있습니다. 실제로 부당한 여권발급 거절에 대하여 소를 제기하여 여권발급거부처분이 취소되기도 하였습니다. 다만 판결이 나오기까지 오랜 시간이 걸리고 그동안은 사실상 출국하지 못하게 되어 결국 피해를 보게 된다는 점에서 큰 문제가 있습니다.

관련법률

여권법

제8조 (여권의 발급 등의 제한)
① 외교통상부장관은 다음 각호의 1에 해당하는 자에 대하여는 여권의 발급·기재사항변경·유효기간연장 또는 재발급(이하 "여권의 발급 등"이라 한다)을 거부할 수 있다.
1. 여행목적국의 법규에 의하여 입국이 거부되어 있는 자
2. 장기 2년 이상의 형에 해당하는 죄를 범하고 기소되어 있는 자 또는 대통령령으로 정하는 죄중 장기 3년 이상의 형에 해당하는 죄를 범하고

해외로 도피하여 기소중지된 자

3. 제13조에 규정된 죄를 범하여 형의 선고를 받고 그 집행이 종료되지 아니하거나 집행을 받지 아니하기로 확정되지 아니한 자와 제13조의2의 규정에 의한 과태료의 처분 또는 재판을 받고 과태료를 납부하지 아니하거나 납부하지 아니하기로 확정되지 아니한 자

4. 제3호 이외에 금고 이상의 형의 선고를 받고 그 집행이 종료되지 아니하거나 그 집행을 받지 아니하기로 확정되지 아니한 자

5. 대한민국의 이익이나 공공의 안전을 현저히 해할 상당한 이유가 있다고 인정되는 자

② 외교통상부장관이 제1항 제5호의 규정에 의한 인정을 하려고 할 때는 미리 법무부장관과 협의해야 한다.

③ 외교통상부장관은 다음 각 호의 어느 하나에 해당하는 자에 대하여는 그 사실이 있는 날로부터 1년 이상 3년 이하의 기간 동안 여권의 발급 등을 제한할 수 있다.

1. 제1항 제3호에 해당하는 사유가 종결된 자

2. 여행국의 법령위반 등으로 국위를 손상시킨 사실이 있는 자

참고판례

대법원 2008. 1. 24. 선고2007두10846 【여권발급거부취소】

재판요지

〔1〕 거주·이전의 자유란 국민이 자기가 원하는 곳에 주소나 거소를 설정하고 그것을 이전할 자유를 말하며 그 자유에는 국내에서의 거주·이전의 자유 이외에 해외여행 및 해외이주의 자유가 포함되고, 해외여행 및 해외이주의 자유는 대한민국의 통치권이 미치지 않는 곳으로 여행하거나 이주할 수 있는 자유로서 구체적으로 우리나라를 떠날 수 있는 출

국의 자유와 외국 체류를 중단하고 다시 우리나라로 돌아올 수 있는 입국의 자유를 포함한다.

〔2〕 여권의 발급은 헌법이 보장하는 거주·이전의 자유의 내용인 해외여행의 자유를 보장하기 위한 수단적 성격을 갖고 있으며, 해외어행의 자유는 행복을 추구하기 위한 권리이자 이동의 자유로운 보장의 확보를 통해 의사를 표현할 수 있는 측면에서 인신의 자유 또는 표현의 자유와 밀접한 관련을 가진 기본권이므로 최대한 그 권리가 보장되어야 하고, 따라서 그 권리를 제한하는 것은 최소한에 그쳐야 한다.

〔3〕 여권발급 신청인이 북한 고위직 출신의 탈북 인사로서 신변에 대한 위해 우려가 있다는 이유로 신청인의 미국 방문을 위한 여권발급을 거부한 것은 여권법 제8조 제1항 제5호에 정한 사유에 해당한다고 볼 수 없고 거주·이전의 자유를 과도하게 제한하는 것으로서 위법하다고 한 사례.

질문

비자 발급받는 방법

외국에 나가려면 여권 이외에도 비자가 필요하다고 하는데, 비자를 받으려면 어떻게 해야 합니까?

비자를 받아야 하는 나라가 있기도 하고, 그렇지 않은 나라가 있기도 합니다. 일단 여행을 계획하고 계신 나라를 확인하셔서 비자 필요 여부를 확인해야 합니다.

비자를 요구하는 나라들의 경우도 각 나라마다 요구하는 기준이 다릅니다. 또한 여행, 유학, 결혼, 초청 등 목적에 따라 필요한 서류들이 다르므로 가고자 하는 나라의 대사관 인터넷 홈페이지에서 확인하셔야 합니다.

그런데 북한이탈주민의 경우, 중국 정부에서 고의적으로 비자발급을 거부하고 있어 중국으로의 입국이 힘든 경우가 많이 발생하고 있습니다. 외교적인 대책이 절실히 필요한 것 같습니다.

✎ 관련기관 주소 및 연락처

외교통상부: 비자면제협정체결국
(http://www.0404.go.kr/consul/Consul06_1.jsp)
외교통상부: 재외공관소개
(http://www.mofat.go.kr/introduction/organized/abroad/index.jsp)

중국에 있는 친척을 초청하는 방법

중국에 친척이 있는데 저를 보기 위해 한국으로 오고 싶다고 합니다. 친척이라도 남한에 오려면 비자가 필요하다고 하는데 어떻게 해야 하나요?

답변

친척이 잠시 다니러 갈 경우 동거방문 비자(F-1)를 신청하시면 됩니다.

절차

먼저, 국내에 있는 사람(초청자)이 여권사본, 사증발급인정신청서, 컬러증명사진 1장(규격: 3.5㎝ × 4.5㎝, 최근 6개월 이내 촬영한 증명사진), 친족관계를 입증하는 서류(결혼증명서, 가족관계등록부, 출생증명서 등), 신원보증서를 현재 주거지 근처에 있는 '출입국관리사무소'에 제출하면 심사 후 '사증발급인정서'를 받게 됩니다. 중국의 경우에는 사증발급인정서 대신 '사증발급인정번호'라는 것을 발급받습니다. 이 번호는 e-mail이나 휴대폰 문자메시지로 받아 보실 수 있습니다.

그 다음, 입국하려는 친척은 사증발급인정번호를 기재한 사증(비자)발급신청서를 대한민국대사관 또는 영사관에 제출하여 동거방문 비자(F-1)를 발급받은 후 입국할 수 있습니다.

[별지 제21호 서식]

사증발급인정신청서
APPLICATION FOR CONFIRMATION OF VISA ISSUANCE

신청번호(APPLICATION No.) : 제   호

○ 피초청자(INVITEE)

사 진 PHOTO 35×45cm	성 명 NAME IN FULL			한자성명 漢字姓名	
	성별 GEN- DER	생년월일 DATE OF BIRTH		국 적 NATIONALITY	□□□
	직장 및 직위 PLACE & POSITION OF EMPLOYMENT				
	주 소 ADDRESS			전화번호 (TEL)	

○초청자(INVITER)

성 명 NAME IN FULL		생년월일 DATE OF BIRTH	
성별 GENDER	국적 NATIONALITY	주민등록(외국인등록)번호 REGISTRATION No.	
직장 및 직위 PLACE & POSI- TION OF EMPLOYMENT			
주 소 ADDRESS		전 화 번 호(TEL.)	
		휴대전화(CELL PHONE)	
		이 메 일(E-MAIL)	

【행정정보 공동이용 동의(Consent for sharing of administrative information)】
본인은 이 건 업무처리와 관련한 첨부서류는 「전자정부법」 제21조제1항에 따른 행정정보의 공동이용을 통하여 담당공무원이 확인하는 것에 동의합니다.
I, the undersigned, hereby consent to allow all documents and information required for the processing of this application to be viewed by the public servant in charge. As specified under E-government Law, section 21, article 1.
　□ 동의합니다 □ 동의하지 않습니다. 이 건 업무처리와 관련하여 첨부서류를 본인이 직접 제출하겠습니다.
　(I agree)　　(I disagree. I will present all related documents myself)

신청인 Applicant	(서명 또는 인) (sign/seal)	대리인 deputy of applicant	(서명 또는 인) (sign/seal)

○초청사유(REASON FOR INVITATION) :　　　□□□
○초청기간(DESIRED PERIOD OF INVITATION) :
○예정 근무처(WORK AT) :　　　□□□
「출입국관리법 시행규칙」 제17조제2항에 따라 사증발급인정을 신청합니다.
　I hereby apply for confirmation of visa issuance, pursuant to Paragraph 2, Article 17 of the provisions for enforcement of the Immigration Law.
신청일 : 200　.　　.　　.　　신청인　　　서명(SIGNATURE)
(DATE OF APPLICATION)

공 용 란 FOR OFFICIAL USE ONLY			
인 정 사 항	결 재		의 견
인정번호			
사증종류	단수, 복수		
체류자격			
체류기간		가 · 부	
참고사항		· 화 일 :	
접수번호		· 범법사실 :	
접수일시		· 입국규제 :	
담 당 자		· 출입국사실 :	

피 초 청 자 명 단

○ 신청번호 :

성 명 Name		한자성명 (漢字姓名)	
성 별 Gender	생년월일 Date of Birth	국 적 Nationality	
직장 및 직위 Place & Position of Employment			

○ 신청번호 :

성 명 Name		한자성명 (漢字姓名)	
성 별 Gender	생년월일 Date of Birth	국 적 Nationality	
직장 및 직위 Place & Position of Employment			

○ 신청번호 :

성 명 Name		한자성명 (漢字姓名)	
성 별 Gender	생년월일 Date of Birth	국 적 Nationality	
직장 및 직위 Place & Position of Employment			

○ 신청번호 :

성 명 Name		한자성명 (漢字姓名)	
성 별 Gender	생년월일 Date of Birth	국 적 Nationality	
직장 및 직위 Place & Position of Employment			

질문

중국 국적을 가진 자녀가 한국에서 장기체류할 수 있는 방법

중국에서 낳은 딸을 여행 비자로 데리고 와 일시 동거하고 있는데, 딸과 함께 좀더 같이 살고 싶어 비자기간을 연장하고 싶습니다. 그 절차는 어떻게 되나요?

답변

외국국적을 가진 17세 미만의 자녀가 사정이 있다면 체류기간을 연장할 수 있습니다. 체류기간 연장 신청은 현재의 체류기간이 만료하기 전 2개월부터 만료 당일까지 신청해야 합니다. 체류기간 만료일이 지난 후 체류기간 연장허가를 신청하면 범칙금이 부과됩니다. 보통 3일 정도의 시간이 걸립니다.

절차

본인 또는 대리인이 주소지 관할 출입국관리사무소에 필요한 제출서류를 준비하셔서 신청하시면 됩니다.

제출서류

심사 과정에서 필요하다고 인정하는 때는 제출서류를 가감할 수 있습니다.

- 여권
- 외국인등록증
- 신청서
- 동거자의 주민등록등본 또는 거소신고증
- 신원보증서(20세 이상)
- 수수료(수입인지 3만 원)

[별지 제34호서식]

법 무 부
MINISTRY OF JUSTICE

신 청 서(신 고 서)
APPLICATION FORM(REPORT FORM)

출입국·외국인
정 책 본 부
KOREA IMMIGRATION SERVICE

업 무 선 택 SELECT APPLICATION

① 외국인 등록 ALIEN REGISTRATION	☐	⑥ 체류자격외활동허가 ENGAGE IN ACTIVITIES NOT COVERED BY THE STATUS OF SOJOURN	☐
② 등록증재발급 REISSUANCE OF REGISTRATION CARD	☐	⑦ 근무처변경·추가허가 ALTERATION OR ADDITION OF EMPLOYMENT PLACE	☐
③ 체류기간 연장허가 EXTENSION OF SOJOURN PERIOD	☐	⑧ 재입국허가(단수,복수) REENTRY (SINGLE, MULTIPLE)	☐
④ 체류자격 변경허가 CHANGE OF STATUS OF SOJOURN	☐	⑨ 체류지변경신고 ALTERATION OF RESIDENCE	☐
⑤ 체류자격 부여 GRANTING STATUS OF SOJOURN	☐	⑩ 등록사항변경신고 CHANGE OF INFORMATION ON ALIEN REGISTRATION	☐

PHOTO
35㎜×45㎜
외국인등록시에만
사진 부착
Photo only for
Alien Registration

공 통 기 재 사 항 FOR ALL

성명 Full Name	Surname	Given names		漢字姓名	성별 Sex	☐ 남 M ☐ 여 F

| 생년월일 또는 외국인등록번호 Date of Birth or Alien Registration No.(if any) | 년 Year | 월 Month | 일 Day | 외국인등록번호 후단 Registration No | 국적 Nationality / Others | |

대한민국내 주소 Address in Korea — 전화번호 Tel. No ( ) / H·P No

본국 주소 Home Address — 전화번호 Tel. No

근무처 Workplace — 직위 Position — 전화번호 Tel. No ( )

여권번호 Passport No. — 여권발급일자 Passport Issue Date — 여권유효기간 Passport validity

신청사유 Reason for Application — E-Mail @

선 택 기 재 사 항 CHOOSE YOUR APPLICATION

③④⑤⑥⑦ 신청기간 Intended period of Sojourn — 년(years) 월(months) 일(days)

⑥ 자격외 예정근무지 Place of Employment — 직위 Position

⑦ 변경·추가예정근무지 Alteration or Addition Place — 직위 Position

⑧ 재입국신청기간 Intended Period of Re-entry — 종류 Type ☐단수Single ☐복수Multiple

⑨ 변경전주소 Previous Address

⑩ 등록사항변경 Change of Information on Alien Registration

동반자 Dependent in Passport	성명 Full Name	생년월일 Date of Birth	관계 Relation	성명 Full Name	생년월일 Date of Birth	관계 Relation
	①			②		

행정정보공동이용동의 / Consent for co-use of administrative information

담당공무원은 이 건 업무처리와 관련한 첨부서류를 「전자정부법」 제36조제1항에 따른 행정정보의 공동이용을 통하여 확인하여야 한다. The Official in charge shall verify necessary documents required to process his/her civil petition clerical service through administrative data matching provided for in the provisions of Article 36(1) of Electronic Government Act.

☐ 동의합니다. ☐ 동의하지 않습니다. 이 건 업무처리와 관련한 첨부 서류를 본인이 직접 제출하겠습니다.
(I agree) (I disagree. I will supply all related documents by myself)

신청인 Applicant	(서명 또는인) (signature/seal)	신청인의 배우자 Spouse of applicant	(서명 또는인) (signature/seal)	신청인의 부 또는 모 Father/Mother of the applicant	(서명 또는인) (signature/seal)

신청일 Date of Application		신청인서명 Signature	

공 용 란 FOR OFFICIAL USE ONLY

기본사항	최초입국일		체류자격		체류기간	
접수사항	접수일자		접수번호		비 고	
허가사항	허가일자		허가번호		체류자격	체류기간

결 재	담 당		소 장	
			가 · 부	

수입인지 첨부란 (Revenue Stamp Here)

[별지 제34호서식]

□ 공통기재사항 입력안내 / Guideline for filling out basic info.

○ 성명(Full name)

여권에 기재되어 있는 성(Surname, Last Name 또는 Family Name)과 명(Given names)을 구분하여 기재하되 성이 없는 경우는 여권에 기재되어 있는 순서대로 성과 명란에 차례대로 영문으로 기재합니다.

Please enter your Surname and Given name in the appropriate boxes using upper case alphabet letters, Should the distinction not apply to you, please enter your name exactly as they appear on your passport.

○ 생년월일 또는 외국인등록번호(Date of Birth or Alien Registration No.(if any))

여권 상 생년월일을 년, 월, 일 순서로 기재합니다. 소지하고 있는 외국인등록증의 상단에 적혀 있는 외국인등록번호(과거에 부여받은 적이 있는 경우 포함) 후단 7자리를 일(day) 뒤에 순서대로 기재합니다.

Fill out your date of birth as it appears in your passport. If you have one, or was given one in the past, please enter the last seven (7) digits of your alien registration number.

○ 대한민국내 주소(Address in Korea) 및 전화번호(Tel. No)

현재 체류하고 있는 실제 주소를 번지까지(아파트의 경우 동, 호수) / 국내에서 실제 연락 가능한 전화번호, 핸드폰 번호를 기재합니다. 기재하지 않으실 경우 우리 사무소가 제공하는 사증이나 체류관련 중요 사항에 대한 휴대폰 문자서비스를 받지 못하게 됩니다.

Please enter the complete, exact address of your current residence in Korea. / Provide a working phone & cell phone number where you can be reached in Korea. If this field is empty or incorrect, you will not be able to receive any of the vital information that we may provide.

○ 근무처(Place of Employment) / 직위(Position) / 전화번호(Tel. No)

현재 근무처(직장명, 학교명, 단체명 등) / 직위 및 담당업무 / 전화번호를 영문 또는 한자 또는 한글로 기재합니다.

Please enter information your current workplace (In Korean, Chinese or English)

○ E-Mail address

연락 가능한 E-MAIL 주소를 반드시 기재합니다. 기재하지 않으실 경우 우리 사무소가 제공하는 사증이나 체류관련 중요 안내사항에 대해 E-MAIL 서비스를 받지 못하게 됩니다.

Enter an e-mail address where you can be reached. If you don't enter a valid e-mail address, you will not be able to receive any of the vital notices or information that we may provide.

○ 신청사유(Reason for Application)

신청하고자 하는 목적과 신청내용(예: 유학·체류기간연장, 결혼·체류지변경, 여권재발급·등록사항변경 등)을 영어 또는 한자 또는 한글로 간략하게 기재합니다.

Please enter your reason for application (e.g. Marriage - change of residence, re-issuance - change in registration data) in Korean, Chinese or English.

□ 선택기재사항 입력안내 Optional information

○ 신청기간(Intended period of Sojourn)

각종 체류허가를 신청하는 경우 국내에 체류하고자 하는 기간을 기재합니다.(체류지변경이나 등록사항 변경 등을 신고만 하는 경우에는 제외)

When applying for any type of grant for sojourn, specify how long you will be staying in Korea (Can be omitted when applying for alteration of residence or change of information on alien registration)

○ 자격외 예정근무지(Place of Employment) / 직위(Position)

현재 체류자격에 해당하는 활동과 병행하여 다른 체류자격에 해당하는 활동 허가를 받고자 할 경우 해당 자격외활동 예정장소(근무처명, 학교명 등)와 직위를 기재합니다.

When applying to engage in activities not covered by the status of sojourn, specify where the said new activities will take place in (include the name of the firm/school along with its location, etc), as well as your position there.

○ 변경·추가예정근무지(Alteration or Addition of Workplace) / 직위(Position)

취업활동을 할 수 있는 체류자격을 받은 외국인이 변경 또는 추가하는 근무처의 명칭과 직위를 기재합니다.

When a registered foreign worker wishes to change or add their workplace, specify the name of the new workplace and their position in it.

○ 재입국신청기간(Intended Period of Re-entry) / 종류(Type)

신청인이 외국을 여행한 후 다시 귀국하여 동일한 체류자격으로 계속하여 체류를 하고 할 경우 희망하는 여행기간을 월 또는 년 단위로 기재 합니다. 단 기존에 허가 받은 체류기간이 기간을 초과하지 못하며 1회에 한하여 허가를 원할 경우 단수에, 2회 이상 허가를 원 할 경우 복수에 "V" 표기를 합니다.

When applying for reentry, specify how long the visit outside Korea will be (in units of months or years). This must not exceed their original period of sojourn, and you must check "single" if you intend to leave once during your period of sojourn, and "multiple" if you want to leave more than once.

○ 변경전주소(Previous Address)

신청인이 체류지를 변경하여 체류지변경신고를 하는 경우 전 체류지 주소를 기재합니다.

When applying for alteration of residence, provide full address of previous residence.

○ 등록사항변경(Change of Information on Alien Registration)

성명, 성별, 생년월일 및 국적과 여권 번호, 발급일자 및 유효기간 등이 변경되는 경우 변경된 내용을 기재합니다.

List all related information that changed from the information currently on your alien registration card.

○ 동반자(Dependent in Passport)

신청인과 함께 국내 체류 중인 동반 가족 중 외국인등록증상 동반가능한 가족 또는 동반으로 등재된 경우에 한하여 기재합니다.

Only fill this out if there is any family member currently residing in Korea with the applicant who can be/is listed as dependent in passport on the registration record.

274

※ 위 서식은 출입국 외국인 정책본부(http://www.immigration. go. kr)에 들어가 상단에 있는 업무 안내 → 외국인의 체류를 클릭하여 열린 창 좌측 메뉴 중 체류기간 연장에 들어가 상단에 있는 체류자격별 신청서류를 클릭하면 각종 서식들을 다운받아 작성하실 수 있습니다.

✎ 관련기관 주소 및 연락처

관할 출입국 관리사무소
연락처: 국번없이 1345

질문

먼저 정착한 처가 다른 남자랑 혼인하는 경우의 정착금 분배

처와 딸이 일단 대한민국에 넘어와 북한이탈주민으로서 주택을 배정받았습니다. 그 뒤 처는 대한민국 남자와 법률상 혼인을 한 경우 저는 대한민국에서 지원하는 각종 혜택을 전혀 받지 못하는 것인가요?

답변

북한에서 성립한 혼인과 남한에서 성립한 혼인의 경우 둘 다 유효한 것으로 보아 중혼관계가 성립합니다. 이 경우 후혼은 우리 민법상 취소할 수 있는 경우이지만 사안과 같은 경우에까지 후혼을 취소할 수 있다고 한다면 많은 문제가 발생할 여지가 있어 이후 학계나 판례상으로 북한이탈주민들의 중혼에 대한 법적 해석이 정립되어야 할 것으로 보입니다.

따라서 일단 이 경우 가족단위로 나오는 정착금과 주택에 대해 총재산 가치와 양육비를 고려하여 적절한 선에서 양자 합의를 보는 것이 최선의 방법일 것입니다. 설사 주택을 받지 못했다하더라도 국민임대주택을 신청할 수 있는 자격은 보유하고 있습니다.

절차

국민임대주택 신청자별 신청방법이 상이한 결과 자세한 사항은 한국토지주택공사(국번없이 1600-7100)로 문의하여 안내를 받으시기 바랍니다.

✍ 관련기관 주소 및 연락처

한국토지주택공사(LH)

주소: (우)463-755 경기도 성남시 분당구 정자동 217

연락처: 031-738-7114

질문

생계비 지원받는 방법

이번에 동사무소에서 주는 생계비가 끊어졌습니다. 생계비를 더 받을 수 있는 방법은 무엇이고 그 절차는 어떻게 되나요?

답변

기초생활보장은 생활이 어려운 사람에게 최저생활을 보장하고 자활을 지원해주는 제도입니다. 북한이탈주민뿐만 아니라 사정이 어려운 사람들은 모두 해당되며 살고 있는 곳 관할 주민센터에서 지원대상을 결정합니다. 북한이탈주민의 경우 초기 정착의 어려움을 고려하여 6개월 동안 지원되지만 이후에는 심사를 거쳐야 합니다. 일을 할 능력이 되는 기초생활보장 대상자는 자신의 소득을 뺀 금액만큼을 지원받을 수 있습니다.

관련법률

북한이탈주민의 보호 및 정착지원에 관한 법률

제21조 (정착금 등의 지급)

① 통일부장관은 보호대상자의 정착 여건 및 생계유지 능력 등을 고려하여 정착금이나 그에 상응하는 가액의 물품(이하 "정착금품"이라 한다)을 지급할 수 있다.

② 통일부장관은 보호대상자가 제공한 정보나 가지고 온 장비(재화를 포

함한다) 의 활용 가치에 따라 등급을 정하여 보로금(報勞金)을 지급할 수 있다.

③ 제1항 및 제2항에 따른 정착금품과 보로금의 지급기준 및 절차 등에 관한 사항은 대통령령으로 정한다.

④ 제1항에 따른 정착금은 양도하거나 담보로 제공할 수 없고, 압류할 수 없다.

〔전문개정 2010. 3. 26〕

북한이탈주민의 보호 및 정착지원에 관한 법률시행령

제39조 (정착금의 지급기준)

① 법 제21조 제1항에 따른 정착금은 「최저임금법」 제5조에 따른 월최저임금액(이하 이 조에서 "월최저임금액"이라 한다)의 200배 상당액의 범위에서 다음 각 호와 같이 기본금·가산금 및 장려금으로 구분하여 지급한다. 다만, 보호대상자 및 그 직계가족의 재산·사회적응 상태, 정착의지, 정착지원시설과 임시보호시설에서의 위반행위 및 제3국에서의 체류 기간 등을 고려하여 기본금의 2분의 1을 초과하지 아니하는 범위에서 정착금을 감액할 수 있다.

1. 기본금은 세대를 기준으로 하되, 월최저임금액의 100배 상당액의 범위에서 세대구성원의 수를 고려하여 정한다.

2. 가산금은 월최저임금액의 50배 상당액의 범위에서 보호대상자 본인 및 세대구성원의 연령·건강상태·근로능력 등을 고려하여 정한다.

3. 장려금은 월최저임금액의 50배 상당액의 범위에서 보호대상자의 직업훈련 수료 여부, 자격취득 여부 및 취업기간 등을 고려하여 정한다.

② 통일부장관은 보호대상자의 사회적응을 위해 필요하다고 인정하는 때는 제1항에 따른 정착금을 통일부령으로 정하는 바에 따라 분할하여 지급할 수 있다.

③ 제1항에 따른 정착금의 구체적 지급기준·감액사유 및 그 밖에 필요

한 사항은 협의회의 심의를 거쳐 통일부장관이 정한다.

④ 통일부장관은 법 제5조 제3항에 따른 거주지 보호기간 중 보호대상자에게 통일부령으로 정하는 가산금 및 장려금 지급사유가 발생하는 경우에는 이를 지급할 수 있다.

⑤ 제4항에 따른 가산금 및 장려금을 지급받으려는 사람은 가산금지급신청서 및 장려금지급신청서에 통일부령으로 정하는 서류를 첨부하여 이를 신청해야 한다.

〔전문개정 2010. 9. 27〕

북한이탈주민의 보호 및 정착지원에 관한 법률 시행규칙

제5조 (정착금의 지급방법)

① 통일부장관은 영 제39조 제1항에 따라 기본금을 지급하되, 보호대상자가 정착지원시설에서 퇴소할 때 기본금의 3분의 2의 범위에서 지급하고, 그 나머지는 보호대상자가 그의 거주지로 전입한 후 1년 이내에 분기별로 나누어 지급한다.

② 통일부장관은 특별한 사유가 있는 경우에는 정착금의 지급방법을 제1항의 규정과 다르게 할 수 있다.

〔전문개정 2010. 9. 27〕

급여신청	• 거주지 읍 · 면 · 동사무소에 수급권자 본인, 친족 및 기타관계인이 신청하거나 사회복지 전담 공무원이 직권신청(민간복지사 등도 저소득가구 보장의뢰 가능) • 구비서류: 급여신청서, 금융정보제공동의서, 임대차계약서, 기타요구서류
조 사	• 보장가구 및 부양의무자 범위 확정 • 소득 재산 신고 자료 및 행복e음(사회복지통합관리망)을 통해 공적자료 확인, 금융재산 조회 실시 • 기타 수급권자의 생활실태 조사, 공적자료에 의하지 않은 대상자는 지출실태표에 따른 소득확인 추가조사 • 근로능력판정절차에 따라 가구특성, 장애유무, 진단서 등을 통해 대상자의 근로능력 판정
급여결정	• 조사결과에 의거하여 급여실시 여부와 급여내용 결정 • 결정내용 통지(전자우편, SMS, 서면) • 결정내용에 이의가 있는 경우 통지를 받은 날부터 60일 이내 이의신청 가능
급여실시	• 수급자로 선정된 가구 또는 개인에 대하여 결정된 급여를 제공 • 급여의 종류: 생계급여, 주거급여, 교육급여, 해산급여, 장제급여, 의료급여 • 생계 및 주거급여는 현금으로 지급, 기타급여는 필요한 가구에 현물로 지급
확인조사	• 공적자료 변동사항은 행복e음(사회복지통합관리망)을 통해 주기적으로 조사 실시 • 공적자료에 의하지 않은 대상자는 시군구 연간계획에 따라 확인조사 실시 • 확인조사 결과에 따라 변동사항이 있는 경우 급여변경, 급여중지 등 결정

자료: 보건복지부 홈페이지

거짓과 비겁함이 넘치는 오늘,
큰 사람을 만나고 싶습니다

❧ 조지훈 전집 ❧

長江으로 흐르는 글과 사상! 우리의 소심함을 가차없이 내리치는
준열한 꾸중! 《조지훈 전집》에는 큰 사람, 큰 글, 큰 사상이 있습니다.

제1권:詩(20,000원)

제2권:詩의 원리(12,000원)

제3권:문학론(20,000원)

제4권:수필의 미학(15,000원)

제5권:지조론(15,000원)

제6권:한국민족운동사(15,000원)

제7권:한국문화사서설(15,000원)

제8권:한국학 연구(20,000원)

제9권:채근담(15,000원)

낱권으로도 판매합니다.

난세라는 느낌마저 드는 요즈음 나는 젊은이들에게 지훈 선생의 인품과 기개,
그리고 도도한 글들로 사상의 바다를 항해하고 마음밭을 가는 일을 시작하면
어떻겠는가, 말해주고 싶다.　　　　　　─韓水山, '딸의 서가에 〈조지훈 전집〉을 꽂으며'

나남
nanam　Tel: 031)955-4600
　　　　www.nanam.net